Hans-Martin Hübner

Dein Wort
bewegt des Herzens Grund

Gereimte Predigten
durch das Kirchenjahr

Manuela Kinzel Verlag

Impressum:

Manuela Kinzel Verlag
06844 Dessau * 73037 Göppingen
Tel. 07165 / 929 399

info@manuela-kinzel-verlag.de
www.manuela-kinzel-verlag.de

1. Auflage 2021
© Alle Rechte vorbehalten.
Manuela Kinzel Verlag

ISBN 978-3-95544-147-0

Inhaltsverzeichnis

Unser Glaube   5

Mehr als Advent   8
  Gereimte Predigt zu Jakobus 5, 7-11

Seht, es naht die Weihnachtszeit   14

Es ist für euch geschehen.   15
  Gereimte Predigt zu Jesaja 9, 1-6

Aller Anfang   23

Marterpfahl und Lebensbaum   24
  Gereimte Predigt zu 2. Kor. 5, 14-21

Ostern – der Sieg über den Lauf der Dinge   31
  Gereimte Predigt zu Johannes 20, 11-18

Neu geboren sein   40
  Gereimte Predigt zu 1. Petrus 1, 3-9

Angenommen sein   49
  Gereimte Predigt zu Psalm 23

Nicht immer nur das alte Lied!   56
  Gereimte Predigt zur Apostelgeschichte 16, 23-34

Was wirklich los ist in der Kirche   65
  Gereimte Pfingstpredigt zu Matthäus 16, 13-19

Es freu' sich eins am andern   77

Das ist meine Freude   78
  Gereimte Predigt zu Psalm 73

Sehen und gesehen werden   84
  Gereimte Predigt zu Lukas 19, 1-10

Dennoch – Gott sorgt für euch   92
  Gereimte Predigt zu 1. Mose 2, 7-9 und 15

Das Himmelszelt zur Nacht – zum 8. Psalm   101

Drei gute Dinge   102
  Gereimte Predigt zu 2. Timotheus 1, 7-10

Begegnung und Ermutigung   112
  Gereimte Predigt zu Johannes 5, 1-16

Vom christlichen Sinn des Wachens   121
  Gereimte Predigt zu Markus 13, 31-37

Ausblick   131

Unser Glaube

An Gott, den Vater, glauben wir,
Geschöpfe, die wir leben hier,
an ihn, der Erd' und Himmel schuf
durch seiner Allmacht heil'gen Ruf.

An Jesus Christus, seinen Sohn,
ihm gleich wohl in des Himmels Thron,
empfangen doch durch Gottes Geist,
ein Mensch, dass er uns Beistand leist',
gebor'n von einer Jungfrau gar,
Maria auserkoren war.
Er lehrte, liebte und er heilte,
solange er auf Erden weilte,
sprach frei von Schuld in Gottes Namen,
die krank, beladen zu ihm kamen,
bis man ihn band, verhört', geschlagen,
gekreuzigt gar – er hat's getragen.
Er starb, ein Grab man für ihn fand,
am dritten Tag er auferstand.
Des Todes Macht hat er besiegt,
der Fürst der Welt darniederliegt.
Gen Himmel fuhr er auf sogleich
zur Rechten in des Vaters Reich.
Von dort zu richten er erscheint,
bis ewig wir mit ihm vereint.

An Gottes Kraft, den Heil'gen Geist,
wir glauben, der uns unterweist,
belebt, uns tröstet und vergibt,
uns spüren lässt, dass Gott uns liebt,

der uns versammelt, der uns eint,
bis niemand mehr dem andern feind,
der uns am End' lässt auferstehn,
ins ew'ge Leben einzugehn.

Amen

Mehr als Advent

Gereimte Predigt zu Jakobus 5, 7-11

Hört nur: „Wehe, wehe, wehe,
wenn ich auf das Ende sehe!"
Also sprach mit ernstem Ton
Wilhelm Busch – ihr kennt das schon.

Oftmals lehrt uns die Erfahrung
abseits jeder Offenbarung:
Ängstlich wir darauf beharren,
ja womöglich sogar starren
wie die Maus auf eine Schlange.
Viele meinen ja schon lange:

Besser kann's doch nicht mehr werden
mit dem Leben hier auf Erden!
Katastrophen, Klimawandel,
Flüchtlingsströme, Menschenhandel;
Aufruhr, Terror, Hass und Streit,
Korruption und Kampf weltweit.
Weltweit auch die Pandemie!
Viele von uns fürchten sie.

Wahrlich: „Wehe, wehe, wehe,
wenn ich auf das Ende sehe!"
Das scheint wohl – ihr wisst Bescheid –
auch der Tenor **unserer** Zeit.

Doch nun was Besseres ich finde,
darum vom Gegenteil ich künde:

Jakobus aus des Glaubens Sicht
von einem **guten** Ende spricht!
„Das Ende gut, nach Not und Schuld,
erwartet euch. Drum habt Geduld!
So seid geduldig, seid es gern
wohl bis zum Kommen unsres Herrn!"

Ja, die Geduld, uns aufgegeben,
gehört zu unsrem Glaubensleben.
Abseits manch düsterer Erfahrung
dient die Geduld uns zur Bewahrung
des Glaubens bis zum guten Ende,
bis zu der letzten großen Wende,
die dereinst alles Leben nimmt.
So hat es Gott, der Herr, bestimmt.

Doch wie gesagt: Geduld muss sein!
Darauf stimmt unser Text uns ein,
darauf kam es Jakobus an.
Wohl Jesu Bruder war der Mann,
der an die Armen sich gewandt,
soweit uns heute ist bekannt.

„So seid geduldig", hat er sie
ermuntert – nicht nur irgendwie.
Nein, ganz gezielt im Blick aufs Ende,
denn man erwartete behände
das Kommen Jesu nach der Zeit
in großer Macht und Herrlichkeit.

Die Naherwartung, letzte Stunde,
war seinerzeit in aller Munde.

Einst – das heißt: vor zweitausend Jahren,
die seitdem schon vergangen waren.
Einst Naherwartung, gut und gern.
Doch lang ist's her, für uns so fern!
Von Naherwartung keine Spur.
Das alte Zeugnis bleibt uns nur,
in dem es gar beschwörend klang,
Geduld zu haben – nicht mehr lang.

In Bildern und Erinnerungen
hat einst Jakobus drauf gedrungen,
nur die Geduld nicht zu verlieren.
Sein Flehen kann man heut noch spüren
im Bild vom Landmann, der gesät,
geduldig wartet früh und spät,
bis Regen tränkt die Frucht der Erde,
dass gut und reich die Ernte werde.

Erinnernd auch an die Propheten,
an Hiob gar in großen Nöten,
die in Geduld er auf sich nahm,
bis es zum guten Ende kam.

Lang schon lässt es nun auf sich warten.
Viele, die je darauf beharrten,
dass es anbräche irgendwann,
die haben oft sich schwergetan
mit der Enttäuschung, die erheblich.
Sie warteten bislang vergeblich.

Und wir? Was haben wir davon –
gehört sie doch zum guten Ton,

die Zeit des Wartens im Advent.
Nun schon die zweite Kerze brennt,
die Zeit des Wartens in Geduld.
Wer das nicht mag, ist selbst dran schuld!
Der überspielt mit Leckereien –
Jakobus möge es verzeihen! –
die Zeit des Wartens, die vonnöten,
bevor wir hin zur Krippe treten.

Advent – solch Warten ist das **eine**,
doch nicht das Warten, das ich meine!
Nicht das, wozu Jakobus mahnte.
Er **mehr** als Weihnachten erahnte!
Nicht „Alle Jahre wieder" – mehr!
Kein Kirchenjahres-Kreisverkehr!
Sein Ziel – es wird endgültig sein,
nicht nur Geduld beim Kerzenschein!
Nein, bis zum Kommen unsres Herrn
geduldig sein, bewusst und gern!

Solch Warten bis zum guten End',
auch das gehört mit zum Advent.
Es überschreitet jede Frist,
die für uns überschaubar ist,
ja grenzenlos. Drum uns gelinge
das Warten auf die letzten Dinge!
„So sei geduldig", mahnte er,
Jakobus, „denn einst kommt der Herr.
Und ihr mit Schuld und Not und Leid
geht ein in seine Herrlichkeit."

Solch Blick auf Gottes neue Welt
das Warten in den Schatten stellt,
das der Advent uns abverlangt,
bis man dem Christkind singt und dankt.
Wie groß mag erst der Jubel sein,
stellt er am End' der Zeit sich ein,
er, unser Herr, das A und O!
Dann klingt „Nun singet und seid froh"
vieltausendstimmig nah und fern
von den Erlöseten des Herrn,
und Freude – drauf stimmt Brahms uns ein –
wird über ihrem Haupte sein.

Von Naherwartung zwar entwöhnt,
wird solches Warten doch gekrönt
grad' mit Geduld, in der's geschieht.
Geduldig man wohl weiter sieht
auf das, was einst uns steht bevor,
als wenn man drängend wie ein Tor,
voll Unruh', die nicht heilig ist,
das gute, rechte Maß vergisst.

Jakobus die Geduld beschreibt,
dass jeder sie sich einverleibt –
beschreibt sie, wie sie uns tut gut:
Ergebung nicht, nicht Übermut!

Jedoch mit Mut hat sie zu tun.
Geduld lässt uns nicht eher ruhn,
als bis das Ziel einst wird erreicht.
Geduld im besten Falle gleicht

dem langen Atem, der's erträgt
zu warten, bis die Stunde schlägt.

Geduld heißt warten, engagiert,
nicht lässig, was zu gar nichts führt.
Zwar der Advent, wie wir ihn kennen –
lasst mich das Kind beim Namen nennen –
verleitet jedes Jahr dazu,
sei's hektisch, sei's in Seelenruh',
aufs Christfest wie gehabt zu warten;
geduldig, ohne durchzustarten,
Kalendertage als „countdown"
routinemäßig zu beschaun –
bewusst, nichts Neues wird mehr kommen.
Vertraute Bühne! Ausgenommen,
dass unser so beliebtes Fest
etwas zu wünschen übrig lässt.

Advent – wie in der Warteschleife
bewegen wir uns. Man begreife:
Das Ganze ist so eingefahren,
uns allen so vertraut seit Jahren,
dass kaum wir noch für möglich halten,
indes wir unser Fest gestalten:
Es könnte, eh' wir uns versehn,
Endgültiges an uns geschehn.
Grad' **davon** kündet der Advent
dann, wenn die zweite Kerze brennt!

Ja, darum seid ihr heute hier,
denn bei Jakobus lernen wir:
Geduld braucht man vor allem dann,

wenn leicht man sie verlieren kann.
Geduld als Spannkraft für das Hoffen
auf Erden, dass noch immer offen,
was Gott bereithält für uns alle.
Darum lasst uns in jedem Falle
Hoffnung bewahren und nicht säumen,
wird es doch sein, als ob wir träumen,
wenn einst die Freiheit bricht herein.
Darauf stimmt heut' Advent uns ein.

Geduld sei, so zu lesen steht,
der Hoffnung Virtuosität.
Ja, eine Kunst ist sie gewiss,
erahnt schon in der Finsternis
das Licht, das durch die Wolken dringt
vom Himmel, der das Heil uns bringt,
das wir dann schaun, nicht glauben nur.
Ja, die Geduld verfolgt die Spur,
die durch das Wort und Gottes Geist
uns heute schon die Richtung weist.

Drum bis zum Kommen unsres Herrn
seid nur geduldig, seid es gern!
Denn er, der kommt – das ist gewiss –
wahrhaftig ein Erbarmer ist.

Sein Friede, der ihn stets begleitet,
der Herz und Sinn uns recht bereitet,
bewahre uns in dieser Zeit
für den Advent in Herrlichkeit,
da wir ihn schaun in Gottes Stadt
und alle Not ein Ende hat. **Amen**

Seht, es naht die Weihnachtszeit

(Melodie: Morgenglanz der Ewigkeit)

1. Seht, es naht die Weihnachtszeit,
Licht ins Dunkel unsres Lebens,
was uns jedes Jahr erfreut,
feiern wir doch nicht vergebens,
was Gott hat für uns getan.
Betet an!

2. Zu uns in die Welt hinein
kam sein Sohn um unsretwillen,
ließ sich auf uns Sünder ein.
Unser Soll wollt' er erfüllen,
lag in seiner Mutter Schoß
arm und bloß.

3. So ward er uns allen gleich,
Krippenkind, Geschenk von oben,
lädt uns ein in Gottes Reich,
darin wir ohn' Ende loben
ihn, der stets mit seiner Kraft
Neues schafft.

4. Herr, wir danken dir dafür,
dass du dich für uns gegeben.
Hast geöffnet Tor und Tür
uns zum Heil schon hier im Leben,
bis dereinst wir preisen dich
ewiglich.

Es ist für euch geschehen.

Gereimte Predigt zu Jesaja 9, 1-6
Heilig Abend

„Lobt Gott, ihr Christen, alle gleich
in seinem höchsten Thron!"
Ja, Gottes Wort, an Bildern reich –
grad' hörten wir es schon.
Jesaja, Israels Prophet,
hat dies dereinst verkündet,
damit, wie ihr's geschrieben seht,
es wieder Freude findet –
es, Gottes Volk nach großer Not,
von Feinden schwer bedrängt.
Jesaja pries ihn, ihren Gott,
weil Freiheit er geschenkt.

Lang, lang war's her, was da geschah,
kein Bethlehem in Sicht.
Nicht Stall noch Krippe waren da,
wovon die Weihnacht spricht.
Und doch: In jedem Jahre neu
wird dieser Text gelesen,
dass jeder von uns sich dran freu'.
Sind **wir** gemeint gewesen?
Wie kommt es, dass man es gewagt,
aufs Christkind zu beziehen,
was einst Jesaja hatt' gesagt –
als hätt' man es geliehen,
nur um viel sagend zu verklär'n,
ins rechte Licht zu rücken

die Weihnachtsbotschaft, die wir hör'n,
dass sie uns mag entzücken?

Jesaja einst – viel später dann
der Heiland ist gekommen.
Hat der Prophet, so nimmt man an,
wohl schon vorweggenommen
das Kommen Gottes in die Welt,
als wär's schon **da** geschehen?
Was Gott verspricht, das er auch hält.
Das sollten wir dran sehen!
Gott lässt uns, seine Menschen, nicht.
Er bleibt sich immer treu.
Schon immer ward aus Dunkel Licht –
nein, das ist gar nicht neu!

So mögen jene Bilder schon
im Alten Testament
umschreiben, was mit Gottes Sohn
begann dann im Advent.

„Das Volk im Finstern wandelte,
da sieht's ein großes Licht…"
Machtvoll Gott an ihm handelte –
wer freute sich da nicht?!
Hat gar zum Jubel sie erweckt,
die matt war'n, unterdrückt.
Als sie die Freiheit dann geschmeckt,
wie waren sie beglückt!

Ein Bild, das so sich wieder find',
als Christus ward geboren,

ruht zwischen Eselein und Rind,
zum Retter uns erkoren.
Auch da bricht heller Jubel los,
lobpreisend Gottes Tat.
Als Kind dort in Marien Schoß
er sich verbündet hat
mit uns wie mit den Menschen einst,
in Not wie du und ich.
Wenn du auch zu verzagen meinst,
komm eilend, freue dich!
Ein großes Licht – ja, es scheint hell,
wie's bei der Schöpfung war.
Gott selbst, dein Helfer, ist zur Stell',
dein Heil wird offenbar.

Ja, Gottes Wort an Bildern reich!
Jesaja sie verschwendet.
Dem Bild der Ernte stellt er gleich,
wie Gott das Unglück wendet:
Man jubelnd fährt die Ernte ein,
teilt nach dem Sieg die Beute.
Altmodisch ist das nur zum Schein,
denn man versteht's noch heute.

Ob das wohl übertrieben klingt
bei solch banalem Tun?
Wir jauchzen da nur sehr bedingt,
lassen's auf sich beruh'n.
Bewerten so das Christfest auch:
„Schon wieder Weihnachtszeit?"
Wir feiern, weil es halt ist Brauch.
Ob's wirklich uns erfreut:

das Alle-Jahre-wieder-Kind
im Stall von Bethlehem?
Millionen so geboren sind –
nicht üppig, nicht bequem!
Und doch verdient Marien Sohn
auch unsern Jubelschall.
In ihm kam Gott von seinem Thron,
uns zu versöhnen all,
von uns zu nehmen, was beschwert,
was nicht bestehen kann.
Jesajas Jubel ist es wert.
Drum stecke er uns an,
damit wir nicht nur routiniert
begehen dieses Fest,
das nichts – so glaub' ich unbeirrt –
zu wünschen übrig lässt!
Das Joch zerbrochen und verbrannt
des Treibers Rock voll Blut –
noch drastischer wird hier benannt
des bösen Feindes Wut.
Und doch: Er richtet nichts mehr aus.
Was einst bedroht – vorbei!
Dem galt der jubelnde Applaus,
wie lang auch her es sei.

Was der Prophet so bildreich pries –
wir eignen's gern uns an,
denn Gott tat auf das Paradies
aus Liebe – glaubt daran!
Ein kleines Kind – die Wirkung groß,
unendlich groß – fürwahr,
macht uns von allen Banden los.

Vorüber die Gefahr,
dass wir durch Zweifel, Angst und Schuld
verspielen unser Heil.
Im Krippenkind lässt Gottes Huld
uns daran haben Teil.
Ein Kind, ein Sohn geboren ist –
Jesaja es verkündet.
Vom Kind im Stall zu spät'rer Frist
sich dort kein Hinweis findet.
Wen immer der Prophet gemeint
mit der Geburt vorzeiten –
er sollte, wie's uns Christen scheint,
uns darauf vorbereiten,
dass, als die Zeit erfüllet war,
Gott wurde Mensch auf Erden.
Damit ward allen offenbar:
Er sollt' der Mittler werden –
als Kind erst, dann als Schmerzensmann
am Kreuz auf Golgatha.
Als Auferstandener sodann
lebt er und bleibt uns nah.

War's einst prophetische Vision
„Uns ist ein Kind geboren"?
Verweist es auf Gescheh'nes schon?
Wer sollt' nicht sein verloren?
Wir sehen's als Verheißung an.
Sie sollte sich erfüllen
in dieser Nacht, als Gott begann,
all unsre Not zu stillen.
All das, was uns von ihm entzweit,
all Fehd' hat nun ein Ende.

Er selbst, der Herr der Herrlichkeit,
gab sich in unsre Hände.
Ein Kind lag elend, nackt und bloß
im Stall auf Heu und Stroh,
selbst klein, doch macht's uns alle groß
und tief im Herzen froh.

So gelten ihm die Namen auch,
die einst man hat gegeben
den Königen, so war es Brauch –
Erwartungen halt eben.
Vier Namen werden hier genannt,
sie sind erwähnenswert.
Uns sind sie wohl vertraut, bekannt,
alljährlich man sie hört.

Sie lauten: Wunder-Rat, Kraft-Held,
dazu noch Ewig-Vater
und Friede-Fürst, so ward's vermeld't,
Regent und auch Berater.
Vier Namen, die zum Teil erwähnt
sind im Adventschoral
„Macht hoch die Tür". Wohl jeder sehnt
sich ein ums andre Mal
danach, dass Gott sich reich an Rat
uns Menschen wendet zu.
Hilft uns der Heiland, groß von Tat,
dann spricht er Mut uns zu.
Als unser Tröster früh uns spat
ist er der Friede-Fürst.
Er steht dir bei mit Hilf und Rat,
dass du dich wundern wirst.

So fanden längst schon Eingang sie
in unsre Frömmigkeit,
die Namen, die man ihm verlieh
zu dieser heil'gen Zeit.

Ein Kind, gebor'n in dieser Nacht,
ein Sohn ist uns gegeben.
Verheißen einst – nun ist's vollbracht!
Dies Kind lässt neu uns leben,
trägt all die Namen wohl zu Recht,
die der Prophet einst nannte.
Wohl niemand – ich behaupten möcht' –
von euch, der sie nicht kannte.

Sie stehen für den Gottessohn,
dess' Herrschaft ohne Ende.
Dass er in unsren Herzen wohn',
lasst falten uns die Hände;
ihn bitten, dass uns stets erfüll'
der Friede, den er bringt,
dass durch den Glauben, so Gott will,
das Lebens uns gelingt.
Den Glauben, der es mutig wagt,
im Krippenkind zu sehen
ihn, der vorzeiten angesagt,
als sei's für uns geschehen.

Vorzeiten zwar – doch immer neu,
das Wunder dort im Stall.
Sein Datum, ist's auch längst vorbei,
kennt keinerlei Verfall!
Stets neu wirkt heilsam es sich aus,

wie Gott uns kommt so nah
in unser Herz, in unser Haus,
was immer auch geschah:
Was immer unser Leben prägt,
uns umtreibt und beschwert;
was sich an Nöten in uns regt
und in uns aufbegehrt;
was wir erstrebt, doch nie erreicht,
was wie der Sand zerrinnt;
was schon vorbei und, wie's uns deucht,
auch niemals mehr beginnt –
das alles, es kommt dann zur Ruh,
wenn wir zur Krippe geh'n.
Kommt voll Vertrauen, kommt herzu!
Es ist für euch gescheh'n!

Sein Friede, der verheißen war
einst schon durch die Propheten,
geht von dem Kind aus Jahr um Jahr,
kommt, lasset uns anbeten!

Amen

Aller Anfang ...

1. Ein neuer Anfang wird gemacht.
Vorüber die Silvesternacht,
ein neues Jahr beginnt.
Was bringt es mir, was wird geschehn?
Kann ich es wohl schon vor mir sehn?
Denn nur wer wagt, gewinnt.

2. Für jeden Anfang braucht es Mut.
Ich ahne es, denn Mut tut gut.
Wo aber kommt er her?
Manch einer hat ihn ohnehin.
Doch wenn ich eher ängstlich bin,
fällt mir der Anfang schwer.

3. So wende ich mich, Gott, an dich
und bitte sehr: Begleite mich,
lass du mich nicht allein!
Hast mich geschaffen, mich gewollt.
Ob ich mich des' nicht trösten sollt'?
Will drum zufrieden sein.

4. So sei willkommen, neues Jahr!
Wie immer auch das alte war –
du bringst, was Gott gefällt.
Wird mir auch Schweres auferlegt,
mich dennoch Zuversicht bewegt.
Um mich bleibt's wohl bestellt.

Marterpfahl und Lebensbaum

Gereimte Predigt zu 2. Kor. 5, 14-21
Karfreitag

Passt zum Karfreitag Poesie?
Manch einer würde sagen: Nie!
Da sei so Schreckliches geschehn,
dass wir erschaudernd davor stehn:
Das Gotteslamm, es stirbt entkräftet,
mit Nägeln an das Holz geheftet.
„O Mensch, bewein dein' Sünde groß!"
Nur das sei am Karfreitag los.
An diesem Tage Poesie
sei deplatzierte Harmonie!

„Doch halt!", sagt eine andre Spur,
„Das ist die halbe Wahrheit nur!"
Und diese Spur, sie führt uns hin
nicht nur zum Kreuz – auch zu dem Sinn,
warum Gott Christus sterben ließ,
wie es vorhin bei Paulus hieß:
„Gott war in Christus, hat die Welt
mit sich versöhnt und uns bestellt
zu Botschaftern an Christi Statt." –
Sein Kreuz auch **diese** Botschaft hat.

Wem dieser Tag nur Grund zum Trauern,
den würde Paulus sehr bedauern.
Denn du bist darum nur ein Christ,
weil er auch auferstanden ist!
Eins lässt sich nicht vom andern trennen.

Sonst könntest du ihn nicht erkennen
als Heil der Welt, den sie zerschlagen
und an das Kreuz hinaufgetragen.
Ja, beides ist für uns geschehn,
dass wir uns als Versöhnte sehn.

Versöhnt mit Gott – sein Werk allein!
Doch soll'n wir selbst Botschafter sein
Wie Paulus einst, soll'n mahnen, bitten,
weil Christus es für uns erstritten:
„Lasst doch mit Gott versöhnen euch!"
Die Botschaft jedermann erreich'
durch unser Tun – obwohl bekannt:
Das Heil kommt nur aus Gottes Hand!

Hier also wieder beides – seht! –
wie's schon in der Epistel steht:
„Das alles kommt von Gott her" – eben!
„Doch hat er uns das Amt gegeben,
das Amt, das die Versöhnung predigt."
Drum wer sich dieses Amts entledigt,
nicht merkt, dass Christus **ihn** auch meint,
der hat sein Christsein halb verneint.

Und das uns klar zu machen, spricht
er von dem **Wort**, das aufgericht'
am Kreuz, wie Christus es einst war.
Am Kreuz das Amt wird offenbar!
Durch uns es von Versöhnung künde,
dass jeder sie in Christus finde.
Drum der Karfreitag, lieber Christ,
nicht nur was zum Betrachten ist –

geschweige denn, wollt's Paulus scheinen,
nur um die Sünde zu beweinen!
Als Botschafter an Christi Statt
ein jeder froh zu künden hat
von dem, was Gott uns allen schenkt:
Der Sünden nimmer er gedenkt.
Er selbst nahm sie uns allen ab,
hinauf ans Kreuz bis in das Grab.
Was wir einst trugen, trägt nun er.
Christus trägt unsre Sünden schwer.
Und wir? Um Christi willen frei,
gerecht vor Gott – es bleibt dabei!

„Er ward ein Knecht und ich ein Herr." –
Zur Weihnacht klang's zwar fröhlicher,
doch ist nichts andres heut' gemeint:
Solch Wechsel uns mit Gott vereint.

Dem Sinne nach einst Luther schrieb,
dass Gott nichts andres übrig blieb –
aus Liebe, um uns zu erlösen –
als seinen Sohn, ihm gleich im Wesen,
zu uns zu senden, dass er trage
der Sünden Last und gar verzage:
„Mein Sohn, du selbst sollst Petrus sein,
der dich verleugnet – geh' drauf ein!
Sei Paulus, der dir stellte nach!
Sei David, der die Ehe brach!
Sei Adam, der im Paradies
Verbot'nes tat, den ich verstieß!
Trag' alle Sünde, die getan,
ans Kreuz, sei du ihr Schmerzensmann!"

Was da geschehn, lasst uns verehren!
Sein Kreuz kann unsren Glauben mehren,
kann trösten uns in unsrer Not:
So ungetröstet war selbst Gott!
Denn Christus, der uns hilft so gerne,
ertrug am Kreuz die Gottesferne.
Die Gottesferne – gebt wohl acht! –
sie ist die allertiefste Nacht.

Schon „fern der Heimat, unrasiert" –
ein Spruch, der an Erfahrung rührt.
Wie oft in den vergangnen Jahren
wir selbst wohl fremd und hilflos waren?
Das gibt's im Auf und Ab des Lebens.
Und wir bemühn uns meist vergebens,
solche Erfahrung zu vermeiden
und müssen eben drunter leiden.

Doch Gottesferne – unbestritten –
dabei wird noch viel mehr gelitten!
Da geht es um die tiefste Not,
die man je zu erleiden hat.
Ein Psalm konnt' es in Worte fassen:
„Gott, warum hast du mich verlassen?"
„Mein Gott" kann man dort sogar lesen.
Denn ist es nicht **mein** Gott gewesen,
von dem ich Hilfe mir versprach,
bis selbst die letzte Brücke brach?
Als nichts mehr stimmte, nichts sich reimte
und Hoffnungslosigkeit aufkeimte
in äußerster Verlassenheit?
Dann ist für mich sein Kreuz nicht weit –

für mich, für jeden, der verzagt,
nach **seinem** Gott vergeblich fragt.
Denn „mein Gott" heißt nicht ohne Grund
oft der, den ich mir selbst mach' kund;
der, auch wenn er verborgen bleibt,
mich nicht in die Verzweiflung treibt.
Geschieht es doch, was nur real,
hilft grad' sein Kreuz aus solcher Qual.
Dann, wenn mir ist am allerbängsten,
dann reißt er mich aus allen Ängsten,
und zwar – so tritt er für mich ein –
kraft seiner eig'nen Angst und Pein.

Darum auch **sie** verehren wir.
Denn seht doch! Sie verkehrt grad' hier,
die Gottesferne Jesu Christ
in Nähe, die mir tröstlich ist!
Wenn ihn, den Gott hat auferweckt,
am Kreuz des Todes Abgrund schreckt,
gibt auch für mich es kein „zu spät",
wenn's mir im Leben ähnlich geht.

Auch hier will es von beidem künden,
das Kreuz: Es lässt den Trost mich finden
gerade da, wo Angst und Pein
am Ende, scheint's, die Sieger sein.

In solcher Spannung leben wir –
das Kreuz symbolisiert es hier.
Weshalb die Kunst mit viel Bedacht
am Kreuz das sichtbar hat gemacht,
dem Marterpfahl hinzugegeben

der Ranken Grün, das Laub der Reben.
Das Kreuz – mehr als ein frommer Traum –
wird so für uns zum Lebensbaum.
Und sollten wirklich Angst und Pein
selbst noch am Ende Sieger sein –
ewiges Leben es verheißt
und uns aus allen Ängsten reißt!

Draus folgert Paulus mit Bravour,
dass eine neue Kreatur
der ist, der so in Christus lebt,
dem Wort zu glauben ist bestrebt,
das Mensch geworden, aufgericht'
am Kreuz, von der Versöhnung spricht.
Versöhnung, die der Sohn erworben
für uns, als er am Kreuz gestorben.

Ein Sterben, das wir nicht bedauern,
es nicht beweinen, nicht betrauern –
nein, sondern dankbar es verehren,
von seiner Frucht im Glauben zehren.
Ja, zehren wie von Brot und Wein
im Mahl des Herrn – lasst euch drauf ein!
Lasst euch versöhnen! Lasst euch laden!
Denn Gott, er ist ein Gott der Gnaden,
der Gnade schenkt ganz unverdient.
Denn alles ist am Kreuz gesühnt,
was euch gebracht in Sünd' und Not.
Ja, er ist frei, der Weg zu Gott!
Und führt er nach dem Auf und Ab
des Lebens euch in Tod und Grab,

folgt ihr auch dort noch seiner Spur
als seine neue Kreatur!

Sein Friede, uns am Kreuz erworben,
den kein' Vernunft je hat verdorben,
bewahre euch in Jesus Christ,
der Anfang, Ziel und Mitte ist!

Amen

Ostern – der Sieg über den Lauf der Dinge

Gereimte Predigt zu Johannes 20, 11-18
in Verbindung mit EG 114

„Wach auf, mein Herz, die Nacht ist hin!"
So heißt's, eh' wir uns zu Beginn
des Tags vom Schlaf erheben.
Jahraus, jahrein der gleiche Trott –
ob für uns **mit**, ob **ohne** Gott.
Was werden wir erleben?

Kein Tag dem andern wirklich gleicht.
Doch ob zu Lob und Dank gereicht,
was täglich wir erfahren?
Der Lauf der Dinge uns bestimmt
und uns so manche Hoffnung nimmt.
Wir können nichts bewahren!

Zwar gibt es beides – Freud und Leid.
Uns prägt nicht nur das Alltagskleid,
in dem wir schaffen, sorgen.
Auch Mußezeit und Feiertag:
sie lenken ab von Müh' und Plag' –
zumal am Sonntagmorgen.

Doch ändert dieses nichts daran:
Das Motto, das den Ton gibt an,
heißt „Werden und Vergehen".
Ganz gleich, wie's so im Leben lief –
ging vieles gut, ging manches schief –
wir können nur verstehen,

was die Erfahrung uns gelehrt.
Und wer nur auf die Leute hört
und ihre klugen Reden,
dem wird ganz klar: Wir treten ab
und nehmen nichts mit in das Grab.
Das gilt ja wohl für jeden!

„Wach auf, mein Herz, die Nacht ist hin!"
Nun gut! Doch was bringt's für Gewinn?
Denn der es Tag lässt werden,
erspart uns weder Angst noch Not,
schickt uns am Ende gar den Tod.
So ist's nun mal auf Erden! –

Doch halt! Ist **das** die Melodie
von Ostern? – Mir eröffnet sie
ein größeres Erwarten!
Vernehmt nun, was Maria sah!
So kommt auch heut' uns Christus nah
wie einst in jenem Garten.

[1]V. 1: Wach auf, mein Herz, die Nacht ist hin, die Sonn' ist / aufgegangen. Ermuntre deinen Geist und Sinn, den Heiland / zu umfangen, der heute durch des Todes Tür gebrochen aus / dem Grab herfür der ganzen Welt zur Wonne.

Maria Magdalena stand,
weil sie den toten Herrn nicht fand,

---

[1] EG 114 „Wach auf, mein Herz, die Nacht ist hin", Text: L. Lorenzen, 1700

vor seinem Grab und weinte.
Ihn, der ihr seine Huld geschenkt
und den man dann ans Kreuz gehängt,
sie hier zu finden meinte.

Mit dem, was weit zurück schon lag,
begann für sie der neue Tag,
wollt's noch einmal bedenken.
Zurück nur schauen konnte sie,
den Schritt – denn anders war's wohl nie! –
zu seinem Grabe lenken.

Und so der Mensch noch heute ist:
Er denkt an seines Lebens Frist,
die längst schon ist vergangen.
Ein neuer Tag – er blickt zurück!
Und so gibt er sich Stück für Stück
dem eig'nen Tod gefangen.

Das war auch einst die Szenerie:
Wehmut und Trauer prägten sie,
die doch durch ihn genesen.
Sie sprach: „Wo ist mein Jesus hin?
Denn er, dem Dank ich schuldig bin,
mein Heiland ist gewesen."

Gewesen? Nein! Sie suchte ihn,
auch wenn es ihr gar tröstlich schien,
vergeblich bei den Toten.
Denn „Ostern" heißt: Was Trost uns dünkt
und dennoch uns nicht weiterbringt,
ist – Gott sei Dank! – verboten!

Und doch: Der Umweg ist es wert.
Denn grad' der Mensch, der Leid erfährt,
den Schuld und Ängste binden;
der um das trauert, was verlor'n,
der ist am Ende auserkor'n.
Von dem lässt Gott sich finden.

So bleibt das Grab der Ort der Tat,
wo Gott dem, der zu tragen hat,
zum Trost will selbst erscheinen.
Das Glück ist's nicht – es ist die Not,
wo sich uns zeigt der wahre Gott,
auch wenn wir's anders meinen!

*V. 3: Vergiss nun, was dahinten ist, / und tracht
nach dem, was droben, / damit dein Herz zu jeder
Frist / zu Jesus sei erhoben. / Tritt unter dich die
böse Welt / und strebe nach des Himmels Zelt, /
wo Jesus ist zu finden.*

Wie aber kommt's? Wie kann das sein,
dass gegen allen Augenschein
im Glauben wir erfahren,
was seit dem Ostermorgen **neu**?
Wir waren schließlich nicht dabei,
wie's seine Zeugen waren.

Johannes hat das wohl bedacht.
Darum hat er es so gemacht,
dass wir erkennen müssen:
Dies ist kein Osterprotokoll
von dem, was einst passiert sein soll,
damit wir's endlich wissen!

Nein! Wissen kann man Ostern nicht.
Dagegen sträubt sich der Bericht,
der Gottes Tat verkündet.
Was da geschildert: Nimm's und lies!
Jedoch in Andacht tue dies,
damit der Glaub' sich findet!

Den nämlich schenkt uns Gott allein.
Durch ihn wird's bei uns Ostern sein,
dass wir dem Herrn vertrauen.
Wie bei Maria: Durch sein Wort
treibt er die Macht des Todes fort,
bis wir das Leben schauen.

Sie, die sie Jesus nicht mehr fand,
im Grab die Engel nicht verstand,
war noch von Nacht umgeben.
Nicht einmal als sie ihn dann sah,
war jener Osterglaube da!
Verborgen bleibt er eben –
solange, bis er zu uns spricht
und wir ihn hör'n: Dann wird es licht
in unsren dunklen Herzen.
Dann kommt der Tag, den Gott gemacht,
dann ist sie hin, die dunkle Nacht,
mit allen ihren Schmerzen!

In Bildern wird uns kundgetan,
wie Gott fängt seine Sachen an,
damit es Ostern werde.
Der Hirte ruft und lässt's geschehn,

dass wir nicht gar verloren gehen,
die Schafe seiner Herde.

*V. 7: Drum auf, mein Herz, fang an den Streit, / weil
Jesus überwunden; / er wird auch überwinden weit /
in dir, weil er gebunden / der Feinde Macht, dass du
aufstehst / und in ein neues Leben gehst / und Gott im
Glauben dienest.*

In Bildern, die sein Glaube fand,
nimmt uns Johannes an die Hand
und führt uns dem entgegen,
der ewig lebt in seinem Wort,
uns ruft und sendet immerfort
des Ostersieges wegen.

Maria solches einst erfuhr –
ist sie ja doch ein Beispiel nur
für die, die sein Wort hören.
Uns, die wir scheinbar draußen stehn,
kann, was dort im Gespräch geschehn,
geradezu betören:

Sie ward gefragt: „Was weinest du?"
Und unerkannt fügt er hinzu:
„Hast du ihn nicht gefunden?"
Als gäb' es nichts zu zweifeln hier. –
Die Frage schon, sie kündet mir:
Der Tod ist überwunden!

Dicht beieinander – so ist's oft –
steht, was man fürchtet und erhofft,

bis Gott sich zu uns wendet;
bis Christus, der die Seinen kennt,
uns selbst bei unsrem Namen nennt
und unsre Blindheit endet. –

Maria einst? Sie suchte ihn,
gab offen ihrem Schmerz sich hin –
nichts ahnend, was geschehen.
Wie menschlich war das doch von ihr!
Denn so geblendet sind auch wir,
bevor wir glaubend sehen.

Drum lasst auch uns verachten nicht
die Ehrlichkeit, die aus ihr spricht!
Wir sind wie sie in Sorgen
und suchen, wo die Toten ruhn,
und können selbst nichts Bessres tun –
nicht mal am Ostermorgen!

Doch der bricht an, wenn Jesus Christ
mit seinem Geist hier bei uns ist
und sich von uns lässt finden.
Dann wissen wir: Er lebt, der Herr!
Des Todes Macht, sie gilt nichts mehr.
Er hilft uns überwinden!

*V. 9: Ach mein Herr Jesu, der du bist / vom Tode
auferstanden, / rett uns aus Satans Macht und List /
und aus des Todes Banden, / dass wir zusammen
insgeheim / zum neuen Leben gehen ein, / das du uns
hast erworben.*

Er lebt! Maria ihn erkennt. –
Doch damit ist noch nicht zu End',
was Ostern uns will sagen.
Was Christi Sieg uns hat beschert,
das hat Maria einst gehört
und sollt' es weitertragen:

„Mein Gott ist euer Gott. – Begreift,
damit in euch der Glaube reift:
Ihr seid mit Gott verbunden!
Der mich gesandt hat, nimmt mich auf.
Setzt eure Hoffnung nur darauf:
Der Tod ist überwunden!"

Was Jesus – nach Johannes – spricht,
ist österlicher Unterricht,
der nun für euch soll gelten:
Der Gott und Vater Jesu Christ'
auch euer Vater worden ist.
Euch trennen nicht mehr Welten. –

Der Glaube überwindet sie.
So nah war euch der Himmel nie.
Und was euch noch mag trennen
von eurem Gott in dieser Zeit
wird euch – ob Schuld, ob Angst, ob Leid –
nicht mehr verderben können.

Maria lief. – So lauft auch ihr,
die ihr's vernommen jetzt und hier,
und kündet's all den andern,
die noch und wieder ohne Gott –

verzweifelt oder voller Spott –
allein durchs Leben wandern!

Zwar liegt ihr oft mit euch im Streit.
Mit andern auch – ich weiß Bescheid.
Doch soll euch das nicht hindern
zu preisen, was Gott hat getan,
vor andern – darauf kommt es an!
Und auch vor euren Kindern!

„Wach auf, mein Herz, die Nacht ist hin!"
So hieß es treffend zu Beginn.
Denn ihr sollt es erleben,
wie Gottes Sohn, der auferstand,
den Lauf der Dinge überwand,
und davon Kunde geben!

Sein Friede, höher als Vernunft,
bewahr' euch bis zur Wiederkunft
in Jesu Christi Namen,
bis dort ihr schaut, was ihr hier glaubt
und was euch nichts und niemand raubt.
Sein Sieg ist euer!

Amen

V. 10: Sei hochgelobt in dieser Zeit / von allen Gotteskindern / und ewig in der Herrlichkeit / von allen Überwindern, / die überwunden durch dein Blut; / Herr Jesu, gib uns Kraft und Mut, / dass wir auch überwinden.

Neu geboren sein

Gereimte Predigt zu 1. Petrus 1, 3-9
zum Sonntag Quasimodo geniti

„Was vergangen, kehrt nicht wieder.
Ging es aber leuchtend nieder,
leuchtet's lange noch zurück."
So sprach Goethe von dem Glück,
das im Leben man empfangen
und das also bald vergangen.
Auch wenn lang zurück es leuchtet,
Rührung gar mein Aug' befeuchtet,
bleibt mein Blick zurückgewendet,
wenn, was Glück war, ist beendet.

Quasimodo geniti –
Wieviel besser haben's die,
haben wir's, die neu geboren!
Nimmermehr geht uns verloren,
was seit Ostern uns geschenkt
von ihm, der die Welten lenkt;
ihm, der in der Osternacht
uns den Himmel aufgemacht.

Jesus Christus – auferstanden
uns zum Heil und allen Landen
auf der Erde, Gott zum Lobe.
Jeder nun den Aufstand probe
gegen Kummer, Furcht und Gram.
Ostern macht uns aufmerksam
auf das, was nun vor uns liegt.
„Feind des Lebens, bist besiegt!

Kannst uns allen nicht mehr schaden,
sind wir doch erlöst aus Gnaden."

Der Erlöser auferstand,
nimmt uns mit an seiner Hand,
reißt uns dereinst durch den Tod
wie durch Welt, durch Sünd', durch Not,
reißet uns gar durch die Höll' –
jeder von uns sein Gesell'!
Ja, Paul Gerhardts Osterlied
solches für uns kommen sieht.

Petrus holt noch weiter aus.
Er hat wohl den Bogen raus,
nennt, was Goethe blieb verwehrt.
Dessen Blick wird umgekehrt:
Blick voraus! All das wird kommen,
was sich Gott hat vorgenommen,
uns zu schenken durch den Sohn.
Unser Glaube merkt es schon.
Er bewahrt uns durch die Zeit
bis zur Seelen Seligkeit.

So einst drückte er sich aus
in den Briefen: Schaut voraus –
nicht zurück, das geht verlor'n!
Die Musik – ja, sie spielt vorn!
Diese Redewendung passt,
weil sie fest ins Auge fasst,
was uns Christus hat erworben,
der nicht nur für uns gestorben,

der auch auferstanden ist
nach vorausgesagter Frist.

Leiden eine kleine Zeit,
trauern – das sei euch nicht leid,
denn ihr werdet sehr euch freuen,
müsst die Hoffnung nicht bereuen,
zu der euch berufen hat
unser Herr – nicht müd' noch matt,
euch in allem beizustehen.
Euer Glaube lässt euch sehen
weiter, als man in der Welt
jemals es für möglich hält.

Neu gebor'n heißt: anders werden
als nur Gast zu sein auf Erden,
wehmütig zurück zu blicken,
in Vergänglichkeit sich schicken.

Petrus zog einst ungelogen
darum einen Hoffnungsbogen
her von Ostern durch die Zeit
bis derzeit zur Ewigkeit.
So umschrieb er selbst das Ziel
unsres Wegs. Der Freuden viel;
herrlich gar und unaussprechlich.
Alles das wird nebensächlich,
was vordem uns angefochten.
All das, was wir kaum vermochten
zu ertragen, zu erleiden –
es wird weichen jenen Freuden,

auf die wir bereits schon hoffen,
eben weil der Himmel offen!

Ich halt inne – Atempause,
denn noch sind wir hier zuhause,
hier in Raum und Zeit auf Erden,
kennen mancherlei Beschwerden,
die uns wohl zu schaffen machen.
Manchmal gibt's halt nichts zu lachen:

„Traurig eine kleine Zeit,
wenn's denn sein soll – tut mir leid!
Doch wie Petrus davon spricht:
Ernst nimmt er uns damit nicht!
Wie begeistert er auch sei –
für mich klingt es wie Schwärmerei!"

So mag mancher von euch denken,
seinen Blick auf all das lenken,
was rundum in unsrer Welt
nicht zum Besten ist bestellt:
Krieg und Terror, Öko-Krisen,
Flüchtlinge, die abgewiesen,
weil die Lager überfüllt
und man nicht mehr ist gewillt,
sich mit ihnen abzugeben.
Lässt sich's so auf Dauer leben –
ungeachtet eig'ner Leiden,
die oft nicht sind zu vermeiden?!

Nur für eine kleine Zeit,
wenn's denn sein soll? Tut uns leid!

Dafür scheint der Weg zu weit,
den wir voller Sorgen gehen –
und kein Ende abzusehen!

„Ja, was gilt?", mögt ihr da fragen.
Ob wir wohl zu hoffen wagen
auf das, was uns wird verheißen?
Wird uns Christus wirklich reißen
machtvoll aus dem Jammertal
oder war's das wieder mal?!
Nimmt man uns nur an die Hand,
zeigt uns nur das andre Land?
Wär' das nicht – o seht's doch ein! –
viel zu schön, um wahr zu sein?!

Hat da der Psalmist nicht recht,
den ich hier zitieren möcht':
dass, was köstlich sei gewesen –
so kann man es bei ihm lesen –
in des Lebens ganzer Frist
Müh' und Plag gewesen ist?
Zudem sei's – vernehmt es schon –
so, als flögen wir davon?

Spricht mich das nicht eher an,
weil ich's nachvollziehen kann?
Was einst Petrus schrieb hingegen:
Klingt's nicht allzu sehr verwegen?

Atempause, Innehalten –
Zweifel, die halt in uns walten,
gerne unsre Stimmung drücken,

Osterfreude gar ersticken:
Sie sind uns fürwahr bekannt –
das sei ehrlich hier benannt.

Doch nun wird auch das verkündet,
was sich noch bei Petrus findet
in dem Briefabschnitt für heute.
Hört darauf, dass es euch leite
fort von eigenem Bedenken
hin zu dem, was Gott wird schenken,
dass, auch wenn ihr's nicht versteht,
ihr den Himmel offen seht!
Er beschenkt uns mit dem Glauben,
der euch all das nicht lässt rauben,
worauf Ostern euch verweist
und was euer Glaube preist.

Ja, der Glaube kann bewahren,
mag auch Not uns widerfahren,
jene Hoffnung unversehrt
auf all das, was Gott beschert
durch die Wirren dieser Zeit
bis zu seiner Herrlichkeit;
bis wir dereinst schauen werden,
was wir schon geglaubt auf Erden
gegen manchen Augenschein –
mag's uns noch so fraglich sein.

Glauben lohnt nur – sprach ein Christ –
an das, was unglaublich ist!
Glaube, den sein Geist uns gibt,
keine Kompromisse liebt.

Petrus, der nur **scheint** zu schwärmen,
will fürs Ganze uns erwärmen:
„Seht auf Christus, er verspricht's.
Hofft auf alles oder nichts!"
Alles aber ist verheißen!
Christus wird auch uns einst reißen
fort aus unsrer Welt und Zeit
hin in Gottes Ewigkeit.

Auf den Glauben kommt's halt an.
Darum wird er dann und wann
sich wohl auch bewähren müssen.
Anfechtung mag uns verdrießen.
Petrus ihn mit Gold verglich.
Ja, so wertvoll eigentlich
sei der Glaube, die Bewahrung,
die er schenkt – trotz Welterfahrung,
trotz der Weisheit letztem Schluss,
dass man einmal sterben muss.
Glaubenskraft, uns anvertraut,
macht, dass man viel weiter schaut,
als der Horizont lässt zu.
Nicht auf jene Friedhofsruh –
auf viel Größres hoffen wir!
Lasst euch darauf ein – auch ihr!

Quasimodo geniti –
neu geboren. Darum **nie**
gebt dies Kleinod aus der Hand!
Jesus Christus auferstand –
wird ein Erbe doch für euch
aufbewahrt im Himmelreich,

dem kein Gut auf Erden gleicht,
vor dem Glück und Reichtum weicht.

Neu gebor'n heißt: anders werden,
als wir's sind gewohnt auf Erden,
da wir doch vordem als Kind
quasi neu geboren sind
durch die Taufe, dass wir kehren
uns zum Herrn, ihn stets zu ehren,
der vorausging vor uns allen,
dass wir stehen und nicht fallen,
welche Not uns auch geschickt,
welche Schuld uns auch bedrückt.

Quasi heißt: nicht nur zum Schein!
Wahrhaft neue Menschen sein
lässt uns Gott um Christi willen.
Dieser kam, um zu erfüllen,
was wir Sünder Gott verwehren.
Dürfen drum zu ihm gehören.
Rein wir nun vor ihm erscheinen,
nennen alle darum uns die Seinen.

Quasimodo geniti –
Gottes tiefste Sympathie
für uns, die wir sonst verloren,
hat uns also neu geboren,
uns vor ihm gerecht gemacht.
Das gilt seit der Osternacht!
Dafür lasst uns froh ihn preisen,
immerfort ihm Dank erweisen,

vor ihm beugen unsre Knie –
quasimodo geniti!

Und sein Friede unermesslich,
für uns alle unerlässlich.
Uns bewahr' in Jesus Christ!
Er ja unsre Hoffnung ist.

Amen

Angenommen sein

*Gereimte Predigt zu Psalm 23
zum Sonntag Misericordias Domini*

Landauf, landab lernt jeder Christ,
dass Gott ein guter Hirte ist;
dass er mich stets erquickt und leitet,
mich tröstet, mir den Tisch bereitet;
dass mir nichts mangeln wird zum Schluss,
wenn ich die Welt verlassen muss,
weil ich von Gott – welch ein Gewinn! –
auf ewig angenommen bin.

Seit vielen Generationen –
das muss ich gar nicht erst betonen –
man an den guten Hirten denkt,
weil Trost er und Vertrauen schenkt.
Das gilt nicht nur den alten Leuten,
die gern sich an dem Psalm erfreuten.
Ist Gott als guter Hirte nicht
ein Bild, das jedermann anspricht?

Ein Bild für unser Christenleben,
das uns sehr wohl kann Antwort geben
auf Fragen nach des Lebens Sinn,
ob Glauben wirklich ein Gewinn?!
Denn wenn, was wir so oft gewonnen,
in naher Zukunft ward zerronnen,
dann bleibt für uns die Frage stehn:
Wie soll es mit uns weitergehen?
Denn unsren Weg – ob leicht, ob schwer –
den gehn wir selbst, nicht irgendwer!

Darum macht dieser Psalm uns Mut,
schafft Zuversicht, und das tut gut:
zu hören, dass ihr auf den Straßen
des Lebens niemals ward verlassen.
Gott hat euch, was auch noch mag kommen,
um Christi willen angenommen!

„Um Christi willen" heißt, dass er
ist unser Hirte, unser Herr.
In Jesu Leben, Werk und Tod
ist uns erschienen unser Gott.
Weil wir als Christen ihm vertrauen,
auf ihn, den guten Hirten schauen,
lebt weiter mit dem Psalm auch **ihr**!
Am Ende dankt ihr Gott dafür
und sprecht: „Gab es auch Not und Müh',
verlassen hat der Herr uns nie!"

Doch ratsam ist's, darauf zu achten,
dass nicht passiert, was viele machten:
dass aus dem Bild mit Hirt' und Herde
nicht plötzlich die Idylle werde!
Zwar wirbt man gern für die Idylle,
fürs Sehen durch die rosa Brille,
für Frieden, Freude, Eierkuchen,
wonach wir alle gerne suchen.

Doch geht nicht immer alles glatt.
Wohl dem, der's echte Bild dann hat,
so voller Klippen und Gefahren,
in denen Gott ihn muss bewahren!
Sich ihm, dem Hirten, anvertrauen

heißt auch: all dem ins Auge schauen,
was uns gefährdet und bedroht,
das finstre Tal mit Angst und Not.

Zwar frisch gewagt, ist halb gewonnen.
Doch blieben dem, der so begonnen,
oft Schwierigkeiten nicht erspart.
Das Leben ist zuweilen hart!

Kurzum: Dass euch nichts mangeln werde
in der Gemeinschaft seiner Herde,
das ließ sich manches Mal nur hoffen.
Wie ihr's erlebtet, blieb noch offen.
Oft kommt's auch anders, als man denkt,
weil nicht ihr selbst – weil Gott euch lenkt.

Gebt acht, dass auch in seiner Herde
dies beides nicht verwechselt werde!
Der Hirte ist's, der führt und leitet,
auch wenn das manch ein Schaf bestreitet.

Drum bleibt als Christen drauf bedacht,
dass ihr das nie alleine macht;
dass ihr es nie alleine seid,
wenn euch begegnen Freud und Leid.
Schon immer wurdet ihr geführt
von Gott – auch wenn ihr's nicht gespürt!

Das wird in Bildern euch verkündet,
wie ihr's im Psalm vom Hirten findet.
Merkt es euch gut, wie ihr's gelernt,
dass ihr euch nicht davon entfernt!

Schon manches Schaf, es ging verloren.
Es hatte wohl verstopfte Ohren
und glaubte, auf sich selbst gestellt,
gehöre ihm die ganze Welt.
Es kam nicht, als der Hirte rief,
weshalb es sich total verlief.
Die Freiheit fand ein jähes Ende,
denn es geriet in falsche Hände.

Ein Schaf darf dumm sein – doch nicht taub,
sonst fällt's dem wilden Tier zum Raub!

So sieht uns Gott. Drum sein Geleit
auf unsren Wegen durch die Zeit.
Lasst bis zum End' euch von ihm führen!
Dann kann euch Schlimmres nicht passieren,
als dass euch manche Not bedrückt,
weil er euch tröstet und erquickt.

Doch Gottes Tun ist nicht beschränkt
darauf, dass er euch führt und lenkt.
Ihr müsst nicht nur durchs Leben treiben
und dürft bei Gott, dem Herren, bleiben.
Beständigkeit ist angesagt,
nach der fast jeder heute fragt.
Doch **die** kann euch die Welt nicht geben.
Befristet ist es, euer Leben,
und vielem, was beständig scheint,
hat schon so mancher nachgeweint.
Nein! Bleiben könnt ihr hier und dort
nur bei dem Herrn und seinem Wort.

Das aber gilt! Es steht bereit
für euch in Zeit und Ewigkeit.

Zwar: Von Gott angenommen sein
begann im Leben einst ganz klein.
Die Heimat, die euch jung gebunden,
die ihr auf Erden einst gefunden,
die prägte euch tagaus, tagein –
es konnte ja nicht besser sein!
Die Heimat aber, die der Beter
zu rühmen weiß, zeigt sich erst später.
Wenn euch die irdische entschwindet,
bleibt Gottes Heimat, fest gegründet
in seiner Treue, euch bestehn.
Wie tröstlich, auf sie zuzugehn!
Denn hoffen kann selbst dann ein Christ,
wenn hier nichts mehr zu holen ist.

Das unterscheidet ihn von jenen,
die sich ans Ew'ge nicht gewöhnen;
die Sehnsucht nach dem Gestern haben –
auch wenn das alles längst begraben.
Doch während sie ums Gestern trauern,
erblickt ein Christ bereits die Mauern
der Heimat in der Gottesstadt,
die Christus ihm verheißen hat.

Die Hoffnung sei – drum hört auf sie –
des Glaubens Heimatmelodie!
Das Ziel euch stets die Richtung weise –
erst recht am End' der Lebensreise!

„Die Arbeit erst – dann das Vergnügen!"
Ein Christ ist dann nicht kleinzukriegen,
wenn er das Sprichwort überträgt
auf seinen Glauben, der ihn prägt:

„Die Arbeit erst" – des Lebens Müh'
ist längst geschafft. Noch kennt ihr sie,
denkt oft zurück an Müh' und Plage.
Natürlich gab's auch gute Tage,
auch schöne Zeiten zu genießen.
Wehmütig mögt ihr sie vermissen.
Doch kostete es oft viel Kraft,
bis ihr das meiste dann geschafft.
Ist nun das Alter erst erreicht,
gibt's neue Arbeit, wie mir deucht:
mit den Gebrechen und Beschwerden
des Alters müsst ihr fertig werden.

Und doch! Im Sprichwort heißt's „Vergnügen".
Mag jenes Ziel noch ferne liegen
und letztlich unvorstellbar sein –
der Psalm des Hirten geht drauf ein,
spricht von dem Haus, in dem wir bleiben,
und nichts kann uns daraus vertreiben!

Drum fügt auch ihr euch gern darein,
die Schafe eures Herrn zu sein!
Er führt euch zu den Quellen hin,
sein Wort erquickt euch Herz und Sinn.

Bleibt dran und lasst euch nicht betören!
Dann könnt ihr's immer wieder hören,

dass Gutes und Barmherzigkeit
euch folgen werden durch die Zeit
und ihr, was unterwegs auch war,
im Haus des Herrn bleibt immerdar.

Sein Friede euch hinfort regiere,
dass niemand Weg und Steg verliere,
bis einst ihr schaut, was ihr geglaubt,
was euch dann keine Macht mehr raubt!

Amen

Nicht immer nur das alte Lied!

Gereimte Predigt zur Apostelgeschichte 16, 23-34
am Sonntag Kantate

Singe, wem Gesang gegeben,
denn „Kantate" heißt es heut'!
Warum aber – sagt mir's eben:
Nur weil der Gesang erfreut?
Schließlich gibt's auch böse Lieder,
die sind alles – nur nicht schön,
wiegeln auf und drücken nieder,
zwingen gar, bei Fuß zu stehn!

Welches Lied ist wohl zu singen,
wenn es heut' „Kantate" heißt?
Welche Saite soll erklingen,
inspiriert von welchem Geist?
„Wo Gesang, da lass dich nieder!"
Muss das in der Kirche sein?
Singt man nicht auch schöne Lieder
draußen im Gesangverein?

Ja, ein Lied kann viel bewegen.
Darum schätzt man den Gesang;
kann ermuntern, froh erregen,
macht auch wehmütig und bang.

Drum noch einmal heißt's „Kantate" –
singt dem Herrn ein neues Lied!
Was ist **neu** daran? – So rate!
Dass den Herrn man kommen sieht,

der, von seinem Geist begnadet,
mich auch dann schon loben lässt,
wenn das Schicksal mir nur schadet
und mich hält in Banden fest.

*[2]V.1: Jesus ist kommen, Grund ewiger Freude, A und
O, Anfang und Ende steht da. Gottheit und
Menschheit vereinen sich beide; Schöpfer, wie
kommst du uns Menschen so nah! Himmel und Erde,
erzählet's den Heiden: Jesus ist kommen, Grund
ewiger Freuden!*

Neu ist an dem Lied der Christen
weder Text noch Melodie.
Wenn's doch alle Christen wüssten!
Neu ist: Gott führt selbst Regie,
lässt den Lobgesang erschallen –
auch noch in des Kerkers Nacht.
Wo des Wärters Schritte hallen,
wird der Lobpreis dargebracht.

Lob zur Unzeit, sollt' man meinen.
Doch grad' **das** ist daran neu!
Gottes Geist ist mit den Seinen,
macht sie von den Ängsten frei.

Das erzählt uns die Geschichte
von dem Beben in der Nacht.
Hört nur zu! Denn ich berichte,

---

[2] EG 66 „Jesus ist kommen, Grund ewiger Freude", Text:
J.L.K. Allendorf, 1736

was sich Lukas hat gedacht;
warum er dies Wunder schildert
und was er damit bezweckt.
In dem Drama, reich bebildert,
eine große Hoffnung steckt.

Eine Hoffnung für uns alle,
die wir – gleich, ob Greis, ob Kind –
irgendwann in jedem Falle
ebenso gefangen sind.

Nicht Reporter sind's gewesen,
die einst den Bericht verfasst.
Was wir als Geschichte lesen,
auch noch heute zu uns passt.
Besser noch: Zu dem Befreier,
zu Gott selbst passt, was geschah.
Er, die Mitte unsrer Feier,
sprengt die Ketten, ist uns nah!

Nur nicht wörtlich dürft ihr nehmen,
was daran unglaublich scheint,
müsst stattdessen euch bequemen
zu erfahr'n: Wie ist's gemeint?
Was steht zwischen jenen Zeilen?
Wozu machen sie uns Mut?

Wenn wir sinnend dann verweilen,
merken wir, wie gut das tut;
merken, wie sich Fesseln lösen,
wenn man mit dem Herzen hört;

wie die dunkle Macht des Bösen
durch ein Loblied wird zerstört.

V. 2: Jesus ist kommen, nun springen die Bande,
Stricke des Todes, die reißen entzwei. Unser
Durchbrecher ist nunmehr vorhanden, er, der Sohn
Gottes, der machet recht frei, bringet zu Ehren aus
Sünde und Schande, Jesus ist kommen, nun springen
die Bande!

Paulus, Silas, diese beiden
mussten, weil sie missioniert,
um des Himmels willen leiden,
eingesperrt und drangsaliert.
Grund genug für sie, zu schweigen,
sich zu fügen dem Geschick,
jeden Aufruhr zu vermeiden.
Doch – war's nur ein frommer Trick? –
beide beteten und sangen,
lobten Gott, der sie gebracht
bis hierher, wo sie gefangen:

Ironie um Mitternacht?

Ja, hier scheiden sich die Geister,
auch in eurer Finsternis:
Hört ihr auf die Kerkermeister,
oder macht euch Gott gewiss?
Lasst euch nicht ins Boxhorn jagen,
oder reicht der Glaube aus,
euch zu führ'n durch Angst und Plagen
bis ins ew'ge Vaterhaus?

Langen Atem schenkt der Glaube,
lässt euch über Glück und Not
hoffen, dass euch nichts mehr raube
die Geborgenheit in Gott.
Zwar gefangen – nicht im Kerker,
doch in Banden – sind auch wir.
Wer erweist sich da als stärker?
Klagen oder loben wir?
Nicht dass wir die Not verdrängen,
ist des Glaubens Zweck und Ziel.
Nur: Allein an Christus hängen –
das ist's, was Gott haben will!

Von uns, doch auch **für** uns alle!
Denn sein Leiden uns befreit
von dem Wahn, dass nur gefalle,
was uns glückt zu unsrer Zeit.
Gottes Lob ist nicht gebunden
an das Glück, das euch vergönnt.
Lobt ihn auch in schweren Stunden,
die ihr euch zu ihm bekennt!

Die von seinem Brot ihr esset,
singt, ihr Christen, auch sein Lied,
dass ihr's nimmermehr vergesset:
Er ist's, der euch nach sich zieht.
Nach sich – wohl durch Angst und Schrecken,
doch hinauf zu seinem Licht.
Wer zum Lob sich lässt erwecken,
der verpasst den Himmel nicht!

V. 3: Jesus ist kommen, der starke Erlöser, bricht dem gewappneten Starken ins Haus, sprenget des Feindes befestigte Schlösser, führt die Gefangenen siegend heraus. Fühlst du den Stärkeren, Satan, du Böser? Jesus ist kommen, der starke Erlöser!

Mut, im finstren Tal zu wandern,
gibt mir selbst das neue Lied.
Doch es wirkt auch auf die andern,
wie man hier bei Lukas sieht:

Alle hörten im Gefängnis
den Gesang zu Gottes Ehr'.
Was sie trugen als Verhängnis –
plötzlich war's nur halb so schwer.
Denn das Beben – nehmt's nicht wörtlich! –
öffnete des Herzens Tür.
Das geschieht zumeist nicht örtlich,
doch geschieht's – ihr seht es hier,
wo ich lobe statt zu klagen
und der andre es vernimmt.
Manchmal freilich wird er fragen,
ob's bei mir vielleicht nicht stimmt!
Dem indes, der selbst betroffen,
der gedrückt von Schuld und Leid,
hilft mein Lied zu neuem Hoffen
trotz der Ketten böser Zeit.

Hilfe, durch mein Lied gegeben –
doch nicht Hilfe ist's zur Flucht!
Niemand, der befreit durchs Beben,
auf der Stell' das Weite sucht.

Sonderbar – sie alle bleiben
unter das Gesetz getan!
Gott will keinen Krimi schreiben,
richtet auch kein Chaos an.
Statt Verfolgungsjagd Bekehrung!
Maßvoll sein statt Freiheitsrausch!
War's – so frag' ich zwecks Belehrung –
nicht am End' ein schlechter Tausch?

Hat das Beten und das Loben
samt dem Wunder in der Nacht
den Betroffenen von oben
wirklich etwas eingebracht?
Nichts, was in illustren Kreisen
ist begehrt als Sensation.
Wunder, die auf Gott verweisen,
schätzen einen andern Ton:
Diese wirken in der Stille,
wandeln erst des Menschen Herz,
bis es dann – so Gottes Wille –
loben kann in Freud' und Schmerz.
Die mich hören, können hoffen –
das bewirkt mein neues Lied.
Wer verschlossen war, wird offen
für das, was durch Gott geschieht.

*V. 5: Jesus ist kommen, ein Opfer für Sünden, Sünden
der ganzen Welt träget dies Lamm. Sündern die ewge
Erlösung zu finden, stirbt er aus Liebe am blutigen
Stamm. Abgrund der Liebe, wer kann dich ergründen?
Jesus ist kommen, ein Opfer für Sünden!*

Offen sein für neues Leben,
dessen Ursach' Christus ist,
sich beständig ihm ergeben –
nicht der Welt voll Trug und List:
Das erfuhr der Kerkermeister
grad' durch beider Lobgesang.
Jeden, der es hört, verweist er
froh darauf, wie's ihm gelang,
Jesus Christus zu vertrauen,
ihm und seiner Liebe Macht.
Rettung aus des Feindes Klauen
schenkt nur der, der selbst die Nacht,
selbst das Dunkel hat durchlitten,
das uns lebenslang umgibt.
Das hat Christus uns erstritten.
So sehr Gott uns alle liebt!

Nicht nur die, die Glück im Leben,
auf der Sonnenseite stehn;
nicht nur die sich was vergeben,
wenn sie mal zur Kirche gehen;
nicht nur die, die selbstzufrieden
sich von andren distanzier'n,
die die Fesseln stets gemieden,
um sich ja nicht zu blamier'n.

Nein, auch jene in Bedrängnis,
die noch Angst und Schuld erfahr'n;
die ein Dasein im Gefängnis
sich und andren nicht erspar'n,
wofür unsere Geschichte

ein beredtes Beispiel ist:
Deren Not macht Gott zunichte.

Ob du auch so einer bist,
der nur denkt: So ist das Leben,
und sich in das Dunkel fügt,
gar nicht rechnet mit dem Beben,
immerfort in Banden liegt?

Dann merk auf! Du kannst sie hören:
Lobgesänge in der Nacht,
mächtig, all das zu zerstören,
was betrübt und traurig macht.

Hör' auf sie, wenn du in Banden!
Stimm' mit ein, denn das befreit!
Grund dazu ist ja vorhanden.
Gottes Hilfe ist nicht weit!

Und sein Friede, welcher höher
ist, als Menschen je versteh'n,
bring' uns seinem Ziele näher,
da wir lobend ihn erhöh'n.

Amen

*V. 8: Jesus ist kommen, die Ursach zum Leben!
Hochgelobt sei der erbarmende Gott, der uns den
Ursprung des Segens gegeben, dieser verschlinget
Fluch, Jammer und Tod. Selig, die ihm sich beständig
ergeben! Jesus ist kommen, die Ursach zum Leben!*

Was wirklich los ist in der Kirche

Gereimte Pfingstpredigt zu Matthäus 16, 13-19
in Verbindung mit dem Choral EG 131

Pfingsten ist, wenn was passiert!
So lässt sich umschreiben,
wie die Bibel definiert
Geistes Weh'n und Treiben.
Pfingsten war einst der Beginn
christlicher Gemeinde:
Gottes Geist in Herz und Sinn
macht' aus Fremden Freunde.

Dieses und noch mancherlei
wissen wir zu nennen,
was spontan und nebenbei
wir von Pfingsten kennen –
wir, die Christen hier vor Ort,
die wir uns versammeln,
die wir hören Gottes Wort,
jauchzen oder stammeln.

Doch ist damit völlig klar,
was wir heute feiern?
Was den Jüngern wichtig war
und uns kann erneuern?
Uns – oft kleinlaut und verzagt
angesichts der Krise,
die der Kirche nachgesagt:
Keine sei wie diese!?

Was erhält, belebt sie nur?
Wie ist sie zu retten?
Wenn wir, gleich der „heißen Spur",
doch Rezepte hätten!
Denn die Kirche sind ja **wir!**
Uns gilt dieses Fragen,
die wir nicht nur jetzt und hier
Christi Namen tragen,
sondern stets und überall,
wo wir uns befinden,
suchen wir im Krisenfall,
worauf wir uns gründen.

Wenn tatsächlich was passiert
durch des Geistes Wehen:
Was macht uns dann unbeirrt,
dass wir klarer sehen?
Dabei will die Heil'ge Schrift,
unser Text uns helfen:
wie einst Jesus, wo sich's trifft,
redet mit den Zwölfen.

„Trifft" – nicht „traf", hab' ich gesagt!
Denn was einst geschehen,
das kann ständig, wenn es tagt,
in uns neu entstehen.

[3] *V.1: O heiliger Geist, o heiliger Gott,*
du Tröster wert in aller Not,

---

[3] EG 131 „O Heiliger Geist, o heiliger Gott", Text:
vermutlich J. Niedling, 1651

du bist gesandt von's Himmels Thron,
von Gott, dem Vater, und dem Sohn.
O heiliger Geist, o heiliger Gott!

„Wer wohl, sagt man, dass ich sei?"
Jesus fragt die Seinen.
Ihm ist wohl nicht einerlei,
was die andern meinen.
So erfährt er, wie es geht,
für wen sie ihn halten:
Täufer oder ein Prophet –
biblische Gestalten.

Imagepflege – das scheint hier
Jesus zu betreiben,
um zumindest, sagen wir,
im Gespräch zu bleiben.

„Wofür halten andre mich?" –
Ich versteh' solch' Fragen.
Auch bewegt's, so glaube ich,
uns in unsren Tagen:
Wofür hält ein jeder wohl
Kirche und den Glauben?
Ist stabil sie oder hohl?
Woran muss man schrauben,
um den Glaubensapparat
dergestalt zu trimmen,
dass man Freude daran hat
und die Zahlen stimmen?

Fragt sich nur: Ist's **der** Effekt,
gut im Trend zu liegen,
den einst Jesus hat bezweckt?
Ging es ihm ums Siegen?
Fragt er nicht vielmehr allein
um der Menschen willen?
Ihnen will er Helfer sein,
ihre Sehnsucht stillen.
Nicht um sich, um andre nur
macht sich Jesus Sorgen –
von Berechnung keine Spur!
Das gilt heut' und morgen!

Drum, ihr Christen, bringt's nichts ein,
Marketing zu treiben.
Werdet die Betrog'nen sein,
auf der Strecke bleiben.
Wenn sich Kirche profiliert –
nur dass Leute kommen,
fühlen **die** sich irritiert,
auf den Arm genommen.

Das geht **ohne** Gottes Geist,
bis es geht zu Ende. –
Pfingsten aber uns verweist
grad' auf jene Wende,
die allein Gott selber schenkt,
wenn wir ihn drum bitten.
Nur **sein** Geist belebt und lenkt. –
Das ist unbestritten!

Bitten wir, dass das passiert,
was wir nötig haben:
Dass uns Gottes Geist regiert
mit des Geistes Gaben;
dass er die Gemeinde baut
mit der Kraft von oben
und wir es bekennen laut:
Christus ist zu loben!

V. 2: O heiliger Geist, o heiliger Gott,
gib uns die Lieb zu deinem Wort;
zünd an in uns der Liebe Flamm,
danach zu lieben allesamt. O heiliger Geist …

„Wer sagt **ihr** denn, dass ich sei?",
fragt der Herr die Jünger,
und auf sie, nicht dran vorbei,
deutet nun sein Finger.

Christsein heißt: Wir sind gefragt –
wir und nicht die andern!
Ob wir mutig, ob verzagt
durch das Leben wandern:
Wichtig ist und bleibt allein,
dass wir ihn erkennen;
ihn – ganz gleich, was sonst mag sein –
unsern Christus nennen!
Ihn, der – wahrer Mensch und Gott –
zu uns kam auf Erden,
der den Tod selbst macht' zu Spott,
dass getrost wir werden.

„Wer sagt **ihr** denn, dass ich sei?"
Das will er uns fragen.
Können ehrlich wir und frei
unsre Antwort sagen?

Sowas macht zwar nicht viel her,
wenn wir es vergleichen
mit dem Aufwand, mehr und mehr
Menschen zu erreichen
und dafür die Kirche gar
jenen anzupassen,
die sich gern bedienen zwar,
doch nicht fragen lassen.

„Wer sagt **ihr** denn, dass ich sei?"
Lästig wirkt sein Fragen.
Doch die Antwort – gar nicht neu –
wird die Kirche tragen!
Drum, was jetzt kommt. Leute, hört!
Da wird es sich zeigen,
was uns unser Pfingstfest wert
und wem wir sind Eigen!

Petrus für sie alle spricht,
Antwort ihm zu geben:
„Du bist Christus, unser Licht.
Nur durch dich wir leben!"

Das Bekenntnis – bitte sehr! –
zu dem Herrn und Meister.
Doch wo hat er das nur her?
Sind's die eig'nen Geister?

„Selig bist du, Jonas' Sohn",
Jesus ihm entgegnet.
„Denn das alles kommt davon,
dass dich Gott gesegnet.
Sein Geist hat dir offenbart,
was ich euch bedeute." –
Das, ihr Christen, euch bewahrt!
Denn so ist's noch heute:

Pfingsten heißt, dass **das** passiert,
was sie da erfuhren,
als sie, von dem Herrn geführt,
folgten seinen Spuren.
Pfingsten meint, dass Gottes Geist
uns erst lässt erkennen,
was „an Christus glauben" heißt,
nach dem wir uns nennen.
Denn wenn jener Geist sich regt,
den wir heut' erflehen,
wird uns in den Mund gelegt,
was uns lässt bestehen:
Dass er unser Heiland ist,
uns von allem Bösen
hier und dort nach dieser Frist
gnädig zu erlösen.

Was „man" von der Kirche hält,
trifft oft sehr daneben.
Das, womit sie steht und fällt,
kann ihr Gott nur geben.
Unabhängig kann sie sein
von dem Trend der Zeiten,

wenn sie sich von Gott allein,
nur von ihm lässt leiten.

Ja, sie lebt, wenn das passiert,
was wir hier erfahren.
Gott, dem Lob und Ehr' gebührt,
weiß sie zu bewahren.

V. 3: O heiliger Geist, o heiliger Gott,
mehr' unsern Glauben immerfort;
an Christus niemand glauben kann,
es sei denn durch dein Hilf getan. O heiliger Geist …

V. 4: O heiliger Geist, o heiliger Gott,
erleucht uns durch dein göttlich Wort;
lehr uns den Vater kennen schon,
dazu auch seinen lieben Sohn. O heiliger Geist …

„Petrus, Fels! Auf dich will ich
die Gemeinde bauen,
die selbst vor der Hölle sich
nimmermehr lässt grauen.
Auch die Schlüssel geb' ich dir
zu des Himmels Welten:
Was du löst und bindest hier,
soll auch droben gelten!"

Felsenmann und Schlüsselamt –
Petrus hält's in Händen.
Wenn er freispricht und verdammt:
Niemand kann's mehr wenden!
Solch ein Petrus, karikiert,

wird von uns gemieden,
protestantisch abserviert –
konfessionsverschieden!

Doch sind damit schon vorbei
die Verbindlichkeiten,
die die Kirche, wie's auch sei,
prägen durch die Zeiten?
Denn verbindlich ist das Wort,
das da löst und bindet
und worauf sich immerfort
Christi Kirche gründet.
Petrus ist ein Beispiel zwar
für des Geistes Walten.
Jedoch auch der Jüngerschar
bleibt's nicht vorbehalten:

Jeder kann, wenn Gott es gibt,
binden oder lösen.
Doch das ist nicht grad' beliebt
und nie leicht gewesen!
„Welche der Geist Gottes treibt,
die sind Gottes Kinder." (Röm. 8,14)
Doch wer treu und redlich bleibt,
scheut das Amt nicht minder
als der Abt von Obernzell –
Bischof sollt' er werden.
Ängstlich floh er, und zwar schnell,
vor der großen Herden!
Denn das Amt schien ihm zu schwer,
das Versöhnung predigt.

Und – fürwahr! – es hat seither
manchen schon erledigt!

Drum versteht und tragt sie auch,
ihr Gemeindeglieder,
eure Hirten, die, wie's Brauch,
folgen immer wieder
Jesu Ruf, um mitzubau'n
Kirche und Gemeinde!
Wollt nicht nur auf Schwächen schau'n –
bleibet ihre Freunde!

Wer im Amt, das Jesus nennt
und im Geist gestiftet,
nur ein Privileg erkennt,
der ist abgedriftet.

Der sieht nur, was er nicht hat
und was andre haben
und verkennt als Nimmersatt
das Gewicht der Gaben,
das all denen auferlegt,
die solch Amt bekleiden.
Betet für sie, weil das trägt,
statt sie zu beneiden!

Helft! Begleitet ihr Bemüh'n,
wie sie euch begleiten!
Wollt – sind sie zu matt, zu kühn –
auch mit ihnen streiten!
Jedoch achtet sie dabei
ihres Amtes wegen!

Auch ihr seid davon nicht frei,
euch vor Ort zu regen.

Seht! Für jeden fällt was ab –
je nach Geistes Wehen.
Was ich angesprochen hab',
mag für vieles stehen,
das ein jeder wohl für sich
wüsste einzubringen.
Was dem Zweck ist förderlich,
lässt Gott auch gelingen.

Welchem Zweck? – Dass stets passiert,
was wir heute feiern:
dass sein Geist uns motiviert,
Kirche zu erneuern!
Bittet, dass auch weiterhin
wir des Geistes Gaben,
die uns trösten Herz und Sinn,
zur Verfügung haben;
dass auf Jesu Frage wir
froh die Antwort geben,
die uns lässt auf Erden hier
und dort ewig leben!

Gottes Friede euch bewahr',
der die Angst vertreibet,
dass ihr wie die Jüngerschar
stark im Glauben bleibet!

Amen

V. 5: O heiliger Geist, o heiliger Gott,
du zeigest uns die Himmelpfort;
lass uns hier kämpfen ritterlich
und zu dir dringen seliglich. O heiliger Geist ...

V. 6: O heiliger Geist, o heiliger Gott,
verlass uns nicht in Not und Tod.
Wir sagen dir Lob, Ehr und Dank
allzeit und unser Leben lang. O heiliger Geist ...

Es freu' sich eins am andern

Es freu' sich eins am andern,
weil eins das andre hält.
Wir alle sind beim Wandern
durch unsre Zeit und Welt.

Wir müssen weiter wandern.
Die Uhr, sie bleibt nicht stehn.
Ein Tag reiht sich zum andern,
die Mond' und Jahre gehn.

Wir halten fest zusammen
und helfen, trösten viel.
Wir gehen in Gottes Namen
die Straße bis zum Ziel.

Sein Wort wird uns begleiten,
er lässt uns nicht allein.
Er heißt uns alle Zeiten
getrost und fröhlich sein.

Mag's gut, mag's böse kommen,
in deiner Hand sind wir.
Du hast uns angenommen.
Herr Gott, wir danken dir!

Das ist meine Freude

Gereimte Predigt zu Psalm 73
zum 5. Sonntag nach Trinitatis

Die Psalmen sehr persönlich sind –
von Betern, die oft, wie ich find‘,
ihr Innerstes uns zeigen:
was sie in Freud und Leid bewegt,
in guter, schwerer Zeit sie prägt –
ein wahrhaft bunter Reigen!

Zweieinhalbtausend Jahre her
ist‘s, dass die meisten ungefähr
in Israel entstanden.
Jedoch bis heute uns berührt,
was Menschen einst dazu geführt,
dass sie die Sprache fanden;
dass sie anbetend, klagend auch,
allein, gemeinsam, wie‘s halt Brauch,
erzählend, gern in Bildern,
Erlebtes und was sie erhofft,
Anfechtungen – auch die gab‘s oft –
bewegend konnten schildern.

Der Psalmen Sprache – Poesie!
O ja, es gab sie schon sehr früh
auf ihre eig‘ne Weise.
Drum nehm‘ ich euch, wenn es beliebt,
weil es für mich nichts Schön‘res gibt,
gern mit auf eine Reise.

Auf eine Reise durch ein Lied
voll Anfechtung. Denn sie durchzieht
gleich einem roten Faden
Psalm 73 – den für heut'.
Der Weg des Beters, er ist weit,
beschwerlich und beladen.
Der Weg vom quälenden Warum –
das treibt ja schließlich uns auch um –
bis hin zum inn'ren Frieden.
Auch uns bleibt's oft ja nicht erspart,
wenn schreiend' Unrecht, noch gepaart
mit Spott, uns ist beschieden.

Drum lohnt sich's, aufzumerken gut,
was sich auf unsrer Reise tut
vom Psalmbeginn zur Wende.
Denn Ähnlichkeit mit unsereins
ist nicht nur zufällig, so scheint's,
bis hin zum guten Ende.

Das gibt's dann auch. Doch wartet ab,
wie ich's schon angedeutet hab'
im Psalm wie auch im Leben:
Anfechtungen gibt's wahrlich viel,
auch wenn man sie vermeiden will.
Selbst Christen nicht entschweben
der Welt nur dank des Glaubens Kraft –
der Welt, die manchen schon geschafft.
Wollt in Geduld euch üben,
annehmen, was euch hier beschwert.
Das Ziel ist allemal es wert,
was euch auch mag betrüben!

Den Beter unsres Psalms betrübt,
dass es so viele Leute gibt,
die feist und laut Gott lästern;
großspurig; denen alles glückt
und selbst sich rühmen, hoch verzückt –
das gibt's nicht erst seit gestern!

Anstoß erregt von Alters her
schreiendes Unrecht umso mehr,
je frecher sich's gebärdet,
erschüttert meine heile Welt,
wie ich sie gern mir vorgestellt.
Mein Glaube ist gefährdet!

„Ich" will im Psalm der Beter sein.
Doch stimme auch ich selbst mit ein,
auch ihr in der Gemeinde.
In unsrer Welt läuft viel verkehrt.
Der Glaube – häufig sinnentleert –
hat vielerorts gar Feinde.
Der Beter übertreibt wohl nicht.
Er manchem aus dem Herzen spricht,
dem ähnlich ist zumute.
Der Psalm – wie andre auch uralt.
Doch seine Sprache hat Gewalt,
das ist daran das Gute.

„Ich selber schier gestrauchelt wär",
so einst der Beter – lang ist's her.
Doch kann's auch uns passieren,
dass wir, wenn man mit Trug und List

verspottet, was uns heilig ist,
am End' kapitulieren.

So weit, so schwer des Beters Weg.
Fast morsch und brüchig schon der Steg
von ihm zu Gott hinüber.
Wenn man im Dunkel solcher Nacht
den Glauben mir so madig macht,
geh' ich da kaum mehr rüber!
„Dann mag Gott wohl für Israel
der Trost sein. Doch für mein Seel'
kann das so nicht mehr gelten."
So war dem Beter einst zumut'.
Anfechtung – seid drum auf der Hut! –
dringt tiefer – das nicht selten!

Wie aber komm' ich davon los?
Was hilft mir nur, was mach' ich bloß,
eh' ich mit Gott bin fertig?
Mit ihm, den ich in jungen Jahr'n
als lieben Gott nur hab erfahr'n,
allzeit allgegenwärtig?

Der Beter – er sann drüber nach
und ernsthaft sich den Kopf zerbrach,
es wollt' ihm nicht gelingen.
Solang' nicht, bis er endlich kam
zum Tempel, wo er wundersam
erfuhr von andren Dingen.
Davon, dass bald zu End' würd' sein
die Macht der Spötter und ihr Schrei'n,
sie enden gar mit Schrecken.

Ja, wie ein Traumbild sie vergehn.
Er wird sie wanken, stürzen sehn.
Kann **das** nicht Hoffnung wecken?

Im Psalm der Beter scheint verwirrt.
Ob ihn wohl in die Irre führt,
was Gott ihn da lässt sehen?
Zu schön, um wahr zu sein, denkt er.
Sein Inneres blieb wüst und leer,
er konnt's noch nicht verstehen –
bis Gott ihn selbst nahm bei der Hand,
so dass er neu Vertrauen fand,
sich wusst' bei ihm geborgen:

„Dennoch – trotz aller Frevler Spott –
bleib' ich an dir, du treuer Gott,
denn du wirst für mich sorgen.
Du leitest mich nach deinem Rat,
bis meine Not ein Ende hat,
nimmst mich dann an mit Ehren." –
Das Dennoch seines Glaubens prägt
all das, was ihn durch Tiefen trägt.
Wie gut, davon zu hören!

Denn gegen manchen Augenschein,
der meint, wir stünden ganz allein,
heißt's auch für uns zu glauben.
Selbst Christus in Gethsemane
ließ sich trotz aller Angst und Weh
sein Gottvertrau'n nicht rauben.
Wir also auch als Christenleut',
zugleich als Kinder unsrer Zeit,

von vielem angefochten,
wir kommen auch tagein, tagaus
nicht ohne solch ein Dennoch aus.
Ob wir es je vermochten?!

So endet unsre Reise nun
im Dank für Gottes großes Tun
an allen seinen Kindern.
Steht es auch manchmal um uns schlecht –
wie er es meint, so bleibt es recht.
Wer wollt' ihn daran hindern?

So wünsch' ich euch – ich bin so frei:
Die Freude auch die eure sei,
die der Psalmist empfunden!
Zu Gott mich halten – er mein Licht –
und setzen meine Zuversicht
auf ihn all Zeit und Stunden:
Darauf kommt's an in meiner Welt,
in die er mich hinein gestellt,
sein Tun hier zu verkünden.
Ihr alle, lasst euch darauf ein,
es kann euch nur zum Segen sein.
Das Ew'ge wird sich finden! A m e n

Und Gottes Friede höher ist,
als die Vernunft es je ermisst.
Er wolle mit euch gehen,
bewahren euer Herz und Sinn
in Jesus Christus. Welch Gewinn –
so mögt ihr wohl bestehen!

Amen

Sehen und gesehen werden

Gereimte Predigt zu Lukas 19, 1-10
zum 14. Sonntag nach Trinitatis

Wenn etwas nervt, uns nicht gefällt –
so ist es oft in unsrer Welt –
und alles andere als schön,
das ist zum „auf die Palme gehen".

Ja, auf die Palme geh'n aus Frust –
das krasse Gegenteil von Lust –
scheint demnach einzig und allein
der letzte Ausweg dann zu sein.
Ja, negativ ist er geprägt,
der Grund, der solches nahelegt.

Im Bibeltext – ihr hörtet's raus –
sieht es erfreulich anders aus.
Erfreulich, jedoch auch nicht ohne!
Damit ein Blick darauf sich lohne,
nicht nur der Unterhaltung diene,
wobei wir mit vergnügter Miene
Zachäus in dem Baum erblicken,
will in den Mittelpunkt ich rücken,
was an Erstaunlichem geschah,
als Jesus den Zachäus sah.

Grotesk hat jemand es genannt,
der seine Bibel gut gekannt.
Grotesk, was einst sich abgespielt
und worauf die Geschichte zielt.

Zachäus, er war reich und klein.
Kann man zugleich denn beides sein?
Denn wer so reich ist – wie famos –
der fühlt sich in der Regel groß,
ist gar erhaben über alle,
die, wie bekannt, in ihrem Falle
das, was sie brauchen und genießen,
stets sauer sich verdienen müssen.

Zachäus, tät' er heute leben,
er würde sicher nichts drauf geben,
sich obendrein auch nicht dran stören,
zu den Betuchten zu gehören,
die man scheel ansieht – das steht fest –
im Übrigen in Ruhe lässt.

Damals jedoch ging's anders zu:
Er hatte Geld, doch keine Ruh'.
Er war ein Zöllner, drum verachtet.
Das Zollamt hatte er gepachtet.
Die römische Besatzungsmacht,
sie hatte es ihm zugedacht
in seiner Stadt, in Jericho.
Doch alles andere als froh
macht' ihn der Reichtum, weil erschlichen.
Die Buchführung: kaum ausgeglichen,
weil er zu viel zu fordern pflegte,
erbeutet, sich zur Seite legte.

Darum zu Recht wohl mied man ihn.
Zudem auch tat man ihm entziehn
die bürgerlichen Ehrenrechte.

Ob man da nicht verstehen möchte,
dass er klein war, grad' so gesehen?
Klein vor sich selbst. Wie mocht's ihm gehen?
So einer innerlich ermisst,
dass wahrlich Geld nicht alles ist.
Ob man sich das wohl eingesteht –
der eine früh, der andere spät?

Das lasst auch uns einmal bedenken,
eh' wir erneut den Blick nun lenken
auf ihn dort in dem Maulbeerbaum.
Zachäus – man begreift es kaum –
die Chance sah: „Jetzt oder nie
muss er mich sehn!" Und das Volk schrie,
es murrte laut, es war empört:
„Hat man denn so was schon gehört!"

Und Jesus kam, blieb einfach stehen,
um den im Maulbeerbaum zu sehen,
der sich nur ungern sehen ließ,
weil er auf Ablehnung nur stieß.
Da aber wurde es ganz still.
„Zachäus, zu dir kommen will
ich in dein Haus. Drum steig herab,
ich Großes dir zu sagen hab'!"

Fürs fromme Volk war's ein Eklat:
Vorbei an ihnen er nur sah
und sprach den an, der's nicht verdient!
Ob so man Sympathie gewinnt
bei all'n, zu denen man gesandt
als Heiland, allen wohl bekannt?

So mag man fragen auch noch heut',
auch wenn wir eher sind bereit,
dem Zolleinnehmer zu vergeben.
Wir längst ja von der Gnade leben,
an die wir Christen uns gewöhnt,
die unser Gottvertrauen krönt.

Wenn aber selbst wir sind betroffen
und auf Gerechtigkeit nur hoffen;
wenn andere bevorzugt scheinen
und wir doch Recht zu haben meinen:
Ob wir dann auch wohl gnädig sind?
Zumindest fraglich, wie ich find'!

Mit Gottes Gnade umzugehen –
ob wir uns darauf wohl verstehen,
wenn's ernst wird, wenn es kommt drauf an?
Wie reagieren **wir** wohl dann?

Ja, Jesus sehr wohl was riskierte,
als er die Menge ignorierte –
nur um mit Herzen, Mund und Händen
sich dem Zachäus zuzuwenden.
Ja, sehen und gesehen werden –
auch **das** heißt Glauben hier auf Erden.

Oft in Chorälen es erscheint,
was Sehen für den Glauben meint:
„Gott sieht dein Leben unverhüllt,
zeigt dir zugleich dein neues Bild."
Sehr passend, dieser Vers erkennt! –
für ihn, der sich Zachäus nennt.

„Ich sehe dich mit Freuden an."
Nichts Schön'res ich zitieren kann,
seh' mit des Glaubens Augen ich
auf ihn, der ja erlöste mich.
Drum: Sehen und gesehen werden
umschreibt mein Glauben hier auf Erden.

Zachäus, nicht mehr dort verweilend,
er stieg vom Baum herunter, eilend.
Die Szene wechselt: Jesus kam
zu ihm, der freudig ihn aufnahm.
Doch was nun folgt – habt Acht darauf! –
Das Volk hört' nicht zu murren auf:
„Beim Sünder ist er eingekehrt,
der ist das doch weiß Gott nicht wert!"

Weiß welch ein Gott, möcht' ich da fragen.
Dem, der gewohnt ist nachzutragen
dem Missetäter sein Vergehen?
Dem eigen ist, drauf zu bestehen,
dass dieser gut macht, was geschah?
Kam solch ein Gott uns Menschen nah?

Zachäus jedenfalls gab nach:
„Kamst, Jesus du, unter mein Dach,
will ab sofort ich Gutes tun.
Ich will darum nicht eher ruhn,
als bis den Armen ich gegeben,
was sie benötigen zum Leben.
Die ich betrogen hab', bekommen
vierfach zurück, was ich genommen."

Ein guter Vorsatz, ernst gemeint,
als rechter Ausweg er erscheint.
Der würd' um solchen Gottes willen
wohl auch der Leute Murren stillen.

Jedoch: Zeigt solch ein Vorsatz schon,
was uns geschenkt mit Gottes Sohn?
Sind nicht aus Gnade wir allein
gemacht vor Gott gerecht und rein?
Kein Wenn und Aber – kaum zu fassen –
zu unsrem Heil ist zugelassen!

„Es ist das Heil uns kommen her,
die Werke helfen nimmermehr.
Der Glaub' sieht Jesus Christus an,
der hat für uns genug getan."

Vor Ort in des Zachäus' Haus
sprach Jesus einst genau das aus,
lenkt dessen Blick vom Eig'nen fort
allein auf sich und auf sein Wort:
„Mit diesem Tag wird Gottes Heil
dir selbst und deinem Haus zuteil.
Denn du, was immer du getan,
gehörst dem Volke Gottes an.
Weil das so ist, sprech' ich dich frei.
Zachäus, das dein Glaube sei!"

Das ist die Mitte, zweifellos.
Ja, Gottes Gnad' und Güt' ist groß,
wird jedem, der sie je begehrt,
in Jesu Namen auch gewährt.

Mehr noch: Zu Gottes Volk gehören,
das tun auch wir zu seinen Ehren,
die wir getauft auf seinen Namen –
ganz gleich auch, wie wir dazu kamen;
ermöglicht – merkt's vor allen Dingen –
durch das, was wir nie selbst vollbringen!

Das hat Zachäus, erst bestrebt,
zuletzt uns allen vor-erlebt.
Denn Jesus kam, auf dass er find'
bis heute, die verloren sind.
Verloren, wie so manches war.

Die Gleichnisse ganz offenbar,
sie künden ebenfalls vom Finden
heraus aus Finsternis und Sünden:
Verirrtes Schaf, verlor'ner Sohn,
der Groschen auch – ihr kennt das schon,
wie jene sich beim Suchen mühte –
nicht voller Wut, – nein, voller Güte!

So also durft' es auch erfahren
Zachäus vor zweitausend Jahren.
Und was die Leute drum herum
anging, das fromme Publikum,
die mochten denken, was sie wollten.
Auch wenn sie innerlich noch grollten,
ihm schlicht nicht gönnten, was geschehen –
von da an konnt' er weiter sehen,
Zachäus, als nur, wie bekannt,
bis zum gewohnten Tellerrand;

weiter als nur bis zum Erleben,
das unser Alltag uns mag geben.

Er blickte nun auf Jesus Christ,
der sein Erlöser worden ist.
Mocht' um ihn her die Welt auch toben –
Zachäus hatte Grund zu loben
Gott, der sich ihm hatt' zugewandt,
ihm damals seinen Sohn gesandt,
so wie bis heute auch uns allen.
Drum soll auch unser Lob erschallen!

Nun die Moral von der Geschicht':
Fällt nur die Maulbeerbäume nicht!
Mag es euch auch grotesk erscheinen –
ich möchte damit gut es meinen.
Auch unser Glaube wächst auf Erden
durchs Sehen und Gesehen werden!

Und Gottes Friede, welcher reicht
viel höher, als es je uns deucht,
woll' unser Herz und Sinn bewahren,
bis wir erlöst gen Himmel fahren!

Amen

Dennoch – Gott sorgt für euch

Gereimte Predigt zu 1. Mose 2, 7-9 und 15
zum 15. Sonntag nach Trinitatis

Jedem Anfang – ich beginne –
wohnt gewiss ein Zauber inne!
Was der Dichter so empfunden,
gilt auch für die ersten Stunden,
für den Anfang aller Zeit.
Galt nicht nur – es gilt noch heut'.

Ja, die Welt, in der wir leben,
die dem Menschen einst gegeben,
immer noch dieselbe ist.
Wer das Paradies vermisst,
wer sich wünscht dahin zurück,
spürt ja doch: Es ist ein Stück
von mir selbst, in mir geblieben.
Bin ich auch daraus vertrieben,
bleibt die Ahnung dennoch wach
gegen manches Weh und Ach!

Was die Genesis berichtet,
mythologisch stark verdichtet,
das ist – hier gibt's keine Wahl –
mehr als nur „Es war einmal"!
Keineswegs ist nur vergangen,
was dereinst hat angefangen,
einst beim Anbeginn der Zeit,
frühester Vergangenheit.
Was die Bibel hier erzählt –

Schnee von gestern? Weit gefehlt!
Hört also und seid ganz Ohr:
Auch **wir** kommen darin vor!
Kommen vor in Gottes Plan
und das schon von Anfang an.

Darum man erkennen muss:
Seit der Schöpfung bleibt im Fluss,
was zwar seinen Anfang nahm,
doch dann „in die Gänge kam".

Zwar der Sündenfall verdarb
uns den Zugang. Doch nicht starb
unsre Sehnsucht – gilt für jeden –
nach dem Garten fern in Eden,
jenem Tatort der Geschichte,
von der ich euch nun berichte.

Ich berichte und ich deute
folgerichtig für uns heute,
was einst zwar den Anfang nahm,
doch noch nicht zu Ende kam –
solang' nicht, wie Tag und Nacht
und was Leben möglich macht,
Saat und Ernte Jahr für Jahr
und was sonst verheißen war,
sich ereignet stets aufs Neue
dank des Schöpfers Macht und Treue.

Noch einmal, damit ihr's wisst:
Keineswegs vergangen ist,
was als alte Mär erscheint,

jedoch uns noch heute meint.
Um uns alle geht es hier.
Darum sind gemeint auch **wir**!

Ja, den Menschen machte er,
wie wir lesen, Gott, der Herr.
Nur den einen – doch vertritt
er die Menschheit und uns mit.
Alle Gott ins Leben rief.
Der's erzählt, war nicht naiv!
Was der Schöpfer einst begann,
hat er auch für uns getan.
Der Bericht auch **uns** beschreibt.
Was da steht, war, ist und bleibt!

Adam – er steht für uns alle.
Adam ist in diesem Falle
weder Name noch Geschlecht.
Gern ich's euch erklären möcht':

Adam – Mensch! Vom Staub der Erde
machte Gott ihn, dass er werde.
Nicht von Erde – nein, nur Staub
nahm er. Das heißt mit Verlaub:
Ahnend die Vergänglichkeit
sind geschaffen wir auf Zeit.
Nichts als Staub, draus wir gemacht.
Auf das Ende seid bedacht!
Staubgeboren für die Frist,
die uns hier gegeben ist.

Nun lebendig schon? O nein,
konnte so der Mensch nicht sein.
Gottes Odem – macht's euch klar –
der Beginn des Lebens war!
Als Geschöpfe atmen, leben –
Gottes Odem hat's gegeben
einst, bis heute gar uns allen.
Ja, so hat es Gott gefallen.

Atmen, jeden Augenblick!
Ist bewusst uns dieses Glück?
Unser Atmen – Gottes Hauch!
Weitaus mehr als Schall und Rauch
sind wir, stets mit ihm verbunden.
Gott ist da all Zeit und Stunden,
auch wenn es uns kaum bewusst,
durch den Odem in der Brust,
der somit uns leben lässt.
Dieses steht nun einmal fest.

Nur so leben auch die hellen
Köpfe, die infrage stellen,
ob es Gott gibt oder nicht.
An Beweisen es gebricht.
Doch eh' Menschen Geist erwacht,
sich darob Gedanken macht,
leben wir in Raum und Zeit
nur dank Gottes Wirklichkeit!

Er zugleich ein Gärtner war.
Emil Nolde wunderbar
stellte dar auf jenem Bild,

wie Gott pflanzte still und mild
Blumen in dem Garten Eden –
Heimat einst wohl nicht für jeden?
Adam setzt' er da hinein.
Ist er uns verschlossen? Nein!

Nicht nur weil durch Jesus Christ
er für uns nun offen ist,
jener Garten, uns zum Heil,
dran wir hier schon haben Teil,
weil der Glaube, der uns prägt,
uns durch Not und Trübsal trägt.

Nein! Denn schon was wir hier lesen,
wie's am Anfang war gewesen,
Ursprung nach dem Augenschein:
Das bezieht auch **uns** mit ein!
War er, wie wir gern es seh'n,
denn um wahr zu sein zu schön?
Wohl gar ein Schlaraffenland?
Adam, außer Rand und Band,
er genösse Zug um Zug
Wohltaten mehr als genug?

„Und den Menschen nahm der Herr,
in den Garten setzte er
ihn, damit er ihn bebaute,
ihn bewahrte, nach ihm schaute."
Garten Eden – Paradies?
Was wir merken, das ist dies:

Unsre Gärten nah und weit
haben große Ähnlichkeit
mit dem Paradiesesgarten:
Müssen pflegen sie und warten.
Auch wir schätzen einen jeden,
liegt er jenseits auch von Eden,
wässern und bebauen ihn,
lieben gern sein sattes Grün.
Blumen schenkt er für die Vase.
Ja, er dient uns als Oase,
als ersehnter Zufluchtsort.

Nehmen Gott drum gern beim Wort:
„Essen darfst du, Mensch, davon,
ernten deiner Mühe Lohn!"
Eden einst, mein Garten heut' –
letzterer mich auch erfreut.
Der von einst – auch das wird klar –
nicht ein Paradies nur war,
wie wir es uns oft erträumen,
ruhend unter Lebensbäumen.
Drum mein Eindruck sich verdichtet
wie ein Nebel, der sich lichtet:

Wahrlich, das war nicht naiv!
Gott, der ihn ins Leben rief,
Adam, wie's geschrieben steht,
meint uns alle, wie ihr seht!
Wie ihr's seht in der Natur:
Bis zu uns hin führt die Spur
dessen, was Gott wachsen ließ.
Ja, sie gilt auch uns, gewiss,

Gottes Schöpfung mit alldem,
was es uns macht angenehm,
ja erst möglich, hier zu leben.
Auch uns heute will er's geben:
Obst, Gemüse und Getreide,
täglich Brot – welch Grund zur Freude!
Baum und Sträucher Früchte tragen,
füllen den verwöhnten Magen.
Fleisch von Tieren, oft verpönt.
Gern doch sind wir dran gewöhnt.

Nochmals sei hier festgestellt:
Garten Eden, unsre Welt
weisen – da besteh' ich drauf –
weit mehr Ähnlichkeiten auf,
als von uns aus wir erkennen.
Diesseits, Jenseits gern wir trennen.

Freilich, jenen Baum des Lebens
suchen wir bei uns vergebens.
Auch den, der uns stets lässt wissen,
was wir tun, was lassen müssen,
was da gut, was böse ist –
auch den Baum man hier vermisst.
Beide gab's in jenem Leben,
kann's hier nicht noch einmal geben.

Doch das muss es wohl auch nicht.
Unsre Ahnung dafür spricht,
dass wir ihre Botschaft kennen.

Will sie darum hier benennen:
Jener Baum des Lebens weist
uns drauf hin, dass allermeist
alles Sein von höchstem Wert –
nicht all das, was man begehrt.
Sein statt Haben – die Devise
gilt vorab. Beachtet diese!
Heut' im Evangelium
geht es ebenfalls darum:

„Sorget nicht!" Erst gilt's zu leben,
eh' uns all das wird gegeben,
was wir brauchen und begehren.
Hütet euch, das umzukehren!
Baum des Lebens, dass ihr's wisst,
nie ein Baum des Habens ist!

Und der andre, gut und böse:
„Von dem Bösen uns erlöse"
wir im Vater Unser bitten –
wohl zu Recht, ganz unbestritten.
Doch der Baum uns alle mahnt –
niemand ist, der das nicht ahnt –
zu bedenken, wie wir handeln
und auf welchen Wegen wandeln.
Auch mit Worten und Gedanken
kommen wir sehr leicht ins Wanken.

So erinnert treu und bieder
jener Baum uns immer wieder
daran, was den Frieden mehrt,
sich vor Gott und Mensch gehört.

Garten Eden, unsre Welt!
Vorerst es uns gut gefällt,
wo wir uns in den vier Winden
hier auf Erden wiederfinden –
wie einst aus dem Staub der Erde
Gott ihn machte, dass er werde,
Adam damals zu Beginn.
Doch geht mir nicht aus dem Sinn,
dass wir sind mit dem verbunden,
was nicht einst nur stattgefunden.
Nein! Bis heute, wie ihr seht,
diese Schöpfung fortbesteht.
Dafür gilt wohl lebenslang
ihm, dem Schöpfer, Lob und Dank!

Dessen Friede, unermesslich,
für uns alle unerlässlich,
wolle stets um Christi willen
unsren Lebenshunger stillen.

Amen

Das Himmelszelt zur Nacht – zum 8. Psalm

1. Das Himmelszelt zur Nacht ist spät
   mit lauter Sternen übersät.
   Milliarden sind es an der Zahl –
   niemand ermaß es je einmal.

2. Das Firmament unendlich ist.
   Wie klein du, Mensch, dagegen bist!
   Und doch vernimmst du dessen Ruf,
   der dieses große Weltall schuf.

3. „Du bist mir's wert", Gott zu dir spricht.
   „Darum verlasse ich dich nicht.
   So weit die Welt auch um dich her,
   gedenk' ich deiner umso mehr."

4. Drum danke Gott, sing ihm dein Lied!
   Der Licht von Finsternissen schied,
   steht dir mit Rat und Hilfe bei,
   dass stets dein Weg gesegnet sei.

Drei gute Dinge

*Gereimte Predigt zu 2. Timotheus 1, 7-10
zum 16. Sonntag nach Trinitatis*

Was man uns so ins Stammbuch schreibt
im Laufe unsres Lebens!
Wenn davon manches hängen bleibt,
dann war's auch nicht vergebens.

„Üb immer Treu und Redlichkeit" –
so könnte ein Spruch lauten.
Wie viele wohl im Lauf der Zeit
sich daran schon erbauten!
„Gott gab die Zeit – doch nichts gesagt
hat er indes von Eile."
Bedächtigkeit ist da gefragt
und Eile nur mit Weile.
„Der Mensch, er denkt, und Gott, er lenkt" –
der Spruch kommt aus der Bibel.
„Befiehl ihm, was dein Herze kränkt!"
Auch der ist gar nicht übel.

Im Stammbuch wird so manches stehn,
von dem wir profitieren. –
Nun die Epistel! Lasst uns sehn,
wohin sie uns wird führen!

Gleichsam ins Stammbuch Paulus schrieb
einst seinem Mitarbeiter,
dass immer es bewusst ihm blieb:
Gott selbst, er hilft dir weiter!

„Den Geist der Furcht gab Gott uns nicht –
vielmehr der Kraft und Liebe
und der Besonnenheit. – Drum richt'
dich darnach aus und übe
dich treu im Zeugnis unsres Herrn –
auch wenn es gilt zu leiden!
Um Christi willen wird er gern
mit Geist und Kraft dich kleiden."

So ungefähr habt aus dem Brief
des Paulus ihr vernommen.
Wen Gott zu seinem Dienst berief,
der sollte nicht verkommen.
Bis heute nicht! Denn Gottes Geist
mit den „drei guten Dingen",
wie es im ersten Vers schon heißt,
lässt alles wohl gelingen.

Anstatt der Furcht den Geist der Kraft,
Besonnenheit und Liebe
gab Gott einst seiner Jüngerschaft,
dass sie beständig bliebe
im Glauben, Hoffen, Lieb' und Treu,
sich darin zu bewähren.
Wie schwer auch mancher Alltag sei –
bis heut' wir davon zehren,
dass Liebe, Kraft, Besonnenheit
als Gottes gute Gaben
in guter und in böser Zeit
wir zur Verfügung haben.

Ja, so beginnt der Text für heut' –
ins Stammbuch ist's zu schreiben
uns allen hier, ihr lieben Leut',
dass auch wir mutig bleiben.
Kraft, Liebe und Besonnenheit –
nicht Furcht – weiß Gott zu geben,
dass wir bewahrt zu jeder Zeit
hier als die Seinen leben.

Furcht flößt dir manches andre ein,
was alltags dir begegnet.
Doch lässt dich Gott dann nicht allein,
bist nicht umsonst gesegnet!

Gesegnet seit der Taufe einst –
doch nicht nur **dir** zuliebe!
Nicht nur, dass alles, wie du meinst,
wie sonst beim Alten bliebe!
Im Brief einst an Timotheus,
den Paulus – scheint's – geschrieben,
steht jener Vers als Impetus
zum Glauben, Hoffen, Lieben;
als Auftakt zur Ermutigung
für Christi Mitarbeiter,
dass sie selbst noch in Anfechtung
Dienst tun als Gottes Streiter.

Das allerdings, wie es hier steht,
dir, euch, uns zuzumuten,
zu weit nach unsrer Meinung geht,
wär' wohl zu viel des Guten!

Seid Mitarbeiter, Laien hier,
Mitglieder der Gemeinde
und hieltet euch bislang zu ihr
als ihre treuen Freunde.
Reicht das nicht aus? Ihr spendet auch,
kommt dann und wann auch wieder.
Ihr feiert mit, wie es ist Brauch,
hört, betet, singt die Lieder.
Ihr kennt euch, seid euch gut und quitt,
seid gerne auch gesellig,
und wenn's drauf ankommt, macht ihr mit.
Auch das: Gott wohlgefällig!

Doch leiden, Gottes Streiter sein,
zum Zeugnis gar berufen?
Dafür stehn doch die Pfarrer ein
an des Altares Stufen
tagaus, tagein in ihrem Amt,
das die Verwöhnung predigt.
Für manches sind sie gar entflammt,
und andres wird erledigt.

Botschafter wir an Christi Statt –
wir brauchen kaum zu sorgen.
Wir werden allemal noch satt
und brauchen's nicht zu borgen.

Und Pastor ich im Ruhestand –
hat's früher nie gegeben!
Wie Paulus ließ – das ist bekannt –
so mancher Christ sein Leben.
Ich hier, vom Ruhestand beglückt,

dank' dafür Gott, dem Herrn,
der niemanden in Rente schickt,
und doch pausier' ich gern!

So viel sich längst geändert hat –
wie's scheint, doch uns zuliebe.
Oft unser Glaube müd' und matt,
die Zukunftsaussicht trübe,
bringt uns doch kaum was aus der Ruh'
bis auf die eig'nen Sorgen.
Und Gottes Reich? Da schaun wir zu:
Das hat noch Zeit bis morgen!

Wer ahnt es wohl, wie's damals war
zu der Apostel Zeiten:
Christ sein auf eigene Gefahr!
Da gab's genug zu streiten.
Nur mit dem inn'ren Schweinehund?
Nein! Das war's nicht alleine.
Verfolgt zu sein all Tag und Stund' –
ihr ahnt schon, was ich meine:
Märtyrer wurden sie gar bald
und nicht nur Konfirmanden.
Drum wurden sie auch nicht sehr alt.
Oft früh den Tod sie fanden.
Vertrauend Gott und seiner Lieb'
sie hatten sterben müssen.
Was man wohl in ihr Stammbuch schrieb?
Ich würd' es gerne wissen.

Mit denen einst, ihr Christenleut',
uns irgendwie vergleichen,

das geht nicht; können ihnen heut'
wohl kaum das Wasser reichen!
Doch so dramatisch war er halt,
der Anlass jener Zeilen.
Und ist der Brief auch noch so alt –
wir wollen doch verweilen
bei seiner Botschaft, die darin
auch uns hier wird verkündet –
für jeden, hoff' ich, ein Gewinn,
der sich drin wiederfindet.

Denn unabhängig von der Zeit,
in der sie aufgeschrieben –
sie öffnet uns die Tür ganz weit.
Das soll uns nicht betrüben
vielmehr erweitern unsern Blick,
dass mutig wir vollenden
den Weg nach vorn und nicht zurück,
getrost an seinen Händen.

Drei gute Dinge – schon erwähnt,
von Gott auch uns gegeben,
dass, was auch sonst das Herz ersehnt,
wir unsren Glauben leben.
Ja, es macht innerlich mich frei,
von Gottes Macht zu reden –
frei von mir selbst, wer ich auch sei.
Ich denk, das gilt für jeden.

Was gibt's doch, das uns Tag für Tag
rund um die Uhr beschäftigt!
Dass jeder gern sich drehen mag –

so wird damit bekräftigt –
um seine eig'ne Achse nur,
ums eig'ne Wohl und Wehe.
Doch hinterlässt das keine Spur,
wenn ich es richtig sehe,
die rausführt aus dem Teufelskreis
selbst eingebrockter Sorgen.
Wir planen ständig. Doch wer weiß,
ob das noch gilt bis morgen.

Viel weiter reicht der Horizont,
den wir bei Paulus finden.
Wir Christen seien's drum gewohnt,
uns darauf stets zu gründen:

Drei Gaben also zu Beginn –
damit beginnt die Reise
des Christenlebens. Ein Gewinn,
den nicht zu hoch ich preise.
Kraft, Liebe und Besonnenheit –
drei Gaben, zu vergleichen
mit eben der Dreieinigkeit,
der Gottesfülle Zeichen:

Gott Vater, Schöpfer ist die Kraft,
die Lebensmut uns spendet
und die in uns das Gute schafft;
die Angst und Trübsal wendet;
die grad' im Schwachen sich beweist –
Gott hat es so gefallen.
Genau **die** Kraft schenkt uns sein Geist,
den Kleinen, Großen – allen!

Gott, der so große Wunder tut,
beginnt doch oft im Kleinen.
Auch seine Kraft – und das ist gut –
verborgen will sie scheinen,
verborgen wie in einem Kind.
Nicht rohe Kräfte walten,
auch solche nicht, die sinnlos sind –
die Kraft, sie will gestalten!

Drum ist die Liebe mit im Bund
zu uns als Mensch gekommen.
Die Liebe, unsres Glaubens Grund –
oft schon habt ihr's vernommen.
Sie hilft, sie lehrt, sie gibt, verzeiht,
wie Paulus sie gepriesen.
Sie macht uns auch dazu bereit,
hat uns den Weg gewiesen,
dass wir im Geiste Jesu Christ
einander so behandeln,
wie es uns aufgetragen ist –
wohl denen, die **so** wandeln!

Nun die Besonnenheit zuletzt,
auch sie ist Geistesgabe –
nicht weil sie einen Schlusspunkt setzt,
ich aufzuhören habe!

Zuletzt, weil sie zuletzt genannt,
hilft Furcht zu überwinden.
Wem die Besonnenheit bekannt,
weiß seinen Weg zu finden.
Er wirft die Flinte nicht ins Korn,

wird auch den Stab nicht brechen
über den Nächsten voller Zorn,
lässt Gott das Urteil sprechen.
Besonnenheit kann weiter sehn
als leidgetrübte Augen,
kennt alles Maß, hilft zu bestehn,
was mir sonst nicht will taugen.
Besonnenheit den Bogen spannt,
was uns auch mag bewegen;
geht mit der Hoffnung Hand in Hand
dem großen Ziel entgegen.

Drei Gaben also, grad' benannt,
für uns hiermit umschrieben.
An ihnen werden nun erkannt
wir selbst, wenn wir uns üben
im Dienst für ihn, für unsern Herrn,
vom Tod einst auferstanden.
Das Ziel – er teilt es mit uns gern.
So kommt uns nicht abhanden
der weite Horizont, der Sinn
des Lebens hier auf Erden.

Das also steht im Stammbuch drin.
Das muss bewusst uns werden,
geradezu uns einverleibt
im Laufe unsres Lebens.
Wenn manches davon hängen bleibt,
war's Glauben nicht vergebens –
auch wenn es inn're Kämpfe kost',
uns selbst zu überwinden.
Geht hier auch manchmal ab die Post –

Gott lässt uns Frieden finden,
der höher ist als die Vernunft,
will uns schon hier bewahren,
bis einst bei seiner Wiederkunft
Vollendung wir erfahren.

Amen

Begegnung und Ermutigung

Gereimte Predigt zu Johannes 5,1-16
zum 19. Sonntag nach Trinitatis

Von unserem Gesundheitswesen
kann man viel hören und auch lesen
betreffs der Ungleichheit: Zwei Klassen,
die man wohl wird bestehen lassen,
sie teilen alle, Groß und Klein,
in zwei verschied'ne Gruppen ein.

Bevorzugt sind Privatpatienten,
die sicher auch mal warten könnten
auf den Termin zwecks Therapie.
Doch scheint's, bevorzugt können sie
gewünschte Ärzte konsultieren,
es auch beim nächsten Arzt probieren.
So manche Freiheit, lässt sich zeigen,
ist den Privatpatienten eigen.
Doch ist gesetzlich deine Kasse,
bist du versorgt nicht ganz so klasse.
Die Therapie, oft eingeschränkt,
weil von den Kosten es abhängt,
ob deine Kur genehmigt wird.
So manche Zahlung wird blockiert,
weil das Gesetz halt nicht erlaubt
Bestmögliches – und überhaupt!
Jedoch versorgt, das wirst auch du,
zahlst in der Regel nichts dazu.

Soviel vorweg aus unsrer Zeit –
ihr wisst darüber wohl Bescheid.
Zwar Härtefälle mag es geben,
doch lässt sich's mit dem Zustand leben –
privat und auch auf Krankenschein.
Der Staat lässt uns da nicht allein.

Ganz anders war's zu Jesu Zeiten!
Wer krank einst war – kaum zu bestreiten –,
war für gewöhnlich übel dran,
denn Hilfe gab's nur dann und wann.
Ein ausgeklügeltes System,
wie es für uns so angenehm,
daran war damals nicht zu denken.

Wollt drum der Bibel Glauben schenken
nicht nur im Blick auf das, was Gott
für uns getan – auch was die Not
betrifft, die einst den Alltag prägte
von vielen, schwer sich auf sie legte.

Ja, Schicksal, es kann Menschen trennen.
Oft sie es nicht verhindern können.
Gesund und krank ein Beispiel ist
für solche Trennung, wie ihr wisst.
Solch eine Kluft zu überbrücken,
wird nicht in jedem Falle glücken.
Zwar Hilfsbereitschaft, guter Wille –
gekonnt und auch in aller Stille –
mag überbrücken diese Kluft.

Doch mancher halt vergeblich ruft
um Hilfe, und er bleibt allein.
Warum? Sich selbst der Nächste sein,
auch das ist bei uns sehr verbreitet,
was sicher niemand hier bestreitet.

Wer selbst als Kranker Hilfe sieht,
denkt erst an sich, ist kaum bemüht,
den Nächsten an die Hand zu fassen,
ihm Heilung angedeih'n zu lassen.

So oder ähnlich, mögt ihr wissen,
lässt sich von uns auf jene schließen,
die einst am Teich Betesda lagen
auf Pritschen, Decken und auf Tragen.
Sie warteten oft jahrelang
sehnsüchtig, stumm, frustriert und bang
darauf, als erste hin zu eilen
zum Wasser, das sie könnte heilen,
wann immer es sich würd' bewegen,
einladend sich die Wellen regen.

Hier setzt das Evangelium an,
die frohe Botschaft. Ja, sie kann
auch uns heut' eine Hilfe sein,
lässt man sich willig auf das ein,
was zwischen all den Zeilen steht;
worum es dem Erzähler geht.

Gut sechzig Jahre ist es her,
gab's ein Chanson – ich mocht' es sehr –
voll Tragik und voll Ironie

und wehmutsvoll die Melodie.
Stört's auch den Rhythmus meiner Predigt,
les' ich es vor. Erst dann erledigt
sich das, was gradezu frappierend
zum Text passt – es ist wahrlich rührend:

„Im Wartesaal zum großen Glück,
da warten viele, viele Leute.
Sie warten seit gestern auf das Glück von morgen
und leben mit Wünschen von übermorgen
und vergessen: Es ist ja noch heute.
Ach, die armen, armen Leute!"

So weit, so schlimm, wie es da steht.
Ob euch das nicht zu Herzen geht?
Denn manchmal könnten – seht es ein –
die Leute dort wir selber sein!
Da lagen sie auf ihren Matten,
die weiter nichts zu hoffen hatten,
als dass am Tag St. Nimmerlein
geheilt sie endlich würden sein.
Ja, achtunddreißig Jahre nennt
Johannes, der die Bibel kennt,
als Zeit des Wartens – jene Zeit,
da – es lag schon zurück so weit –
Gott sein Volk Israel verließ,
es nicht beschützte, wie es hieß.

So achtunddreißig Jahr' auch hier
auf Hilfe warten, lesen wir!
Verzweifelt lag er da, der Mann,
als Jesus kam. Der sah ihn an

und sprach: „Willst nun gesund du werden
und endlich frei von den Beschwerden?"
„Ich habe keinen Menschen, Herr!"
Des Kranken Herz: trostlos und leer!

Lasst auf euch wirken sein Ergeh'n!
Könnt die Verzweiflung ihr versteh'n?
Nicht freudig und erwartungsvoll:
„Ich endlich nun genesen soll!"
Nein! Wie verlassen in der Menge,
auf sich gestellt in dem Gedränge:
„Ich habe keinen Menschen, Herr!"
Gibt's nicht Vergleiche, bitte sehr?

Trotz allen Fortschritts heutzutage
bei Therapien – keine Frage –
dein Leiden trägst du ganz allein,
mag's Pflegen auch geregelt sein.
Geht's gar um Leben oder Tod,
bleibst du allein mit deiner Not.
Und die sich sorgen um dich her,
verharren hilflos mehr und mehr.

Und doch! Noch etwas mehr geschieht,
wie in dem Folgenden man sieht:
Der Kranke blieb bei sich nicht mehr.
„Ich habe keinen Menschen, **Herr**!"
Ihn, der für uns wahr' Mensch und Gott,
ihn spricht er an in seiner Not.
Der Herr, er ist sein Adressat,
womit er schon gewonnen hat!
Wie Jesus hilft, was er auch tut –

klag' **ihm** sein Leid, und es wird gut!
Hier fordert er ihn auf, den Kranken:
„Steh auf!" Er tut's, und ohne Wanken
hebt er es auf, sein Bett, und geht,
auch wenn er's selbst noch nicht versteht.
„Steh auf!" Auch das – seht es doch ein –
verheißungsvoll kann's für uns sein.
Untätig gar auf Heilung hoffen –
hier wäre sie nicht eingetroffen!

Nein, Jesus mutet mir was zu,
erwartet, dass ich selbst was tu!
Das mag, fällt mir vergleichend ein,
aktive Lebenshilfe sein!
„Steh auf!" Der Kranke tut's, kann gehen.
Auch wenn wir das wohl nicht verstehen –
sein Wort, sein Ruf stets Leben schafft,
schenkt uns zum Handeln neue Kraft.

So nahm das Wunder seinen Lauf.
Doch es war Sabbat – achtet drauf!
Erlaubt war's Heilen, doch nicht mehr.
Sein Bett zu tragen Arbeit wär'.
Das war verboten, so bis heute,
und vieles mehr für fromme Leute,
die das Gesetz des Mose achten
und stets darnach zu leben trachten.
Deshalb die Juden kritisierten
ihn, der sein Bett trug. Und sie führten
das jüdische Gesetz ins Feld.
Darum wär's schlecht um ihn bestellt.

So wies er sie auf Jesus hin,
der's ihm gebot und heilte ihn.

Die Juden aber, ungehalten,
wobei sie wohl die Fäuste ballten,
beschlossen, Jesus zu belangen,
ihn zu verfolgen, gar zu fangen.
Auch das tat's ja schon immer geben:
Es kann kein Mensch in Frieden leben,
wenn es dem andren nicht gefällt!
So werden sie uns vorgestellt,
die Juden – so sieht sie Johannes:
als Neider dieses Gottesmannes,
der, um zu heilen, Gott zum Lob,
sich über das Gesetz erhob.

Das trieb einst Martin Luther um:
Gesetz und Evangelium –
wie beides zueinander passt.
Drum macht euch fröhlich drauf gefasst,
dass Jesus wohl Gesetze bricht,
doch kranke Menschenherzen nicht!
Barmherzigkeit, so Paulus spricht,
siegt schließlich über das Gericht!
Darauf – ihr mögt's im Glauben fassen –
dürft ihr euch allezeit verlassen!

Nachfolgend sollt' die Kirche auch
sich daran halten – guter Brauch!
Nur so kommt in das Dunkel Licht,
wenn wir so handeln – anders nicht!
So wie der Herr, dem wir gehören,

sich nicht ließ von Verboten stören,
die ja von Menschen nur erdacht,
um heilend unsres Gottes Macht
am Teich Betesda zu erweisen,
so lasst auch uns Gott tätig preisen!

Ein allzu strenges Gottesbild,
es machte halt die Juden wild
und zornig, Jesus anzugreifen.
Der Plan, er sollte endlich reifen,
mit seinem Tod am Kreuz dann enden.
Noch ließen sie's dabei bewenden,
ihn zu verfolgen, als er heilte
am Teich Betesda, wo er weilte,
im Hause der Barmherzigkeit –
so nannte man's in jener Zeit.
Der Ort, er ist längst ausgegraben –
Experten ihn gefunden haben.

An uns liegt's nun in unsrer Zeit,
zu graben nach Barmherzigkeit
in unsren Herzen, mit den Händen,
zu helfen, jene Not zu wenden,
die manche um uns her bedrückt.
Wollt' Gott, dass uns das Helfen glückt,
dass endlich niemand klage mehr:
„Ich habe keinen Menschen, Herr!"
Ja, nehmen wir – ein erster Schritt –
den Mut aus der Geschichte mit,
zu handeln in demselben Geist –
auch wenn es nicht Betesda heißt,
unser Zuhause, wo wir wohnen.

Gott wird's auf seine Art uns lohnen,
uns lohnen mit erfülltem Leben.
Denn dafür hat er's uns gegeben,
dass wir in seinem Sinne handeln.
Es gilt: Wohl denen, die so wandeln!

Sein Friede und sein guter Segen
begleite uns auf unsren Wegen,
bei unsrem Tun in seinem Namen,
bis wir ihn ewig schauen.

Amen

Vom christlichen Sinn des Wachens

Gereimte Predigt zu Markus 13, 31-37
zum Ewigkeitssonntag

„Eins, zwei, drei – im Sauseschritt
eilt die Zeit. Wir eilen mit!"

Endet dann der Lebenslauf,
hört das mit dem Eilen auf.
Denn ganz gleich, wie wir's gestaltet,
welches Schicksal auch gewaltet –
eines Tages geht's zu Ende,
und es ruhen Herz und Hände.

Nicht so harmlos, doch genauer
heißt's: Es folgen Tod und Trauer.
Abschiedsschmerz, kaum zu ermessen –
und bei manchen das Vergessen.

Blickst am Ende du zurück,
war es nur ein kurzes Stück.
Von der Wiege bis zur Bahre
schienen es so viele Jahre
voller Sturm und Drang zu sein,
voller Glück und Sonnenschein,
voll Erwartung, voller Planen. –
Später dann glaubst du zu ahnen,
dass es bald vorbei sein muss –
deiner Weisheit letzter Schluss?!

Alle, die ihr seid gekommen,
weil euch Liebstes ward genommen

oder weil ihr vor euch seht,
dass es nur noch abwärts geht:
Denkt ihr wirklich: Das ist alles,
was im Fall des Todesfalles
uns als Christen wird verbinden:
dass wir damit uns abfinden?
Dass wir mit dem Tod im Nacken
nur noch kleine Brötchen backen?

Ist das wirklich unser Los?
Gibt's denn für uns Christen bloß
das zu glauben, was wir sehen:
unser Kommen, unser Gehen?

Freilich wird bald müd' und matt,
wer sonst nichts zu hoffen hat,
darum nur von sich aus geht,
sich als Maßstab gar versteht.
Selbst für viele von uns Christen
gilt: als ob genau wir wüssten,
was Gott nicht ist zuzutrauen,
weil wir auf uns selber schauen.

Doch gilt unsre Lebenszeit
nicht vielmehr der Herrlichkeit,
die wir glaubend vor uns sehen –
nicht dem Werden und Vergehen?

Neu ist nicht ein solches Fragen.
Schon in jenen frühen Tagen,
als die ersten Christen lebten
und im Glauben danach strebten,

frei von aller Not und Pein
ewig bei dem Herrn zu sein:
Da schon drohte zu ermatten
ihre Hoffnung, die sie hatten.

Und so ist's bis heut' geblieben:
Das, was wir am Glauben lieben,
ist oft nur, was hier und heute
sich erfüllt. So sind wir Leute!
Kurz der Atem, schwer die Schritte,
Not und Tot in unsrer Mitte:
Das ist's, was wir vor uns sehn.
Um das Ziel ist's dann geschehn –
so als hätt' der Herr indessen
die Verheißung selbst vergessen,
die den Seinen er gegeben:
„Alle werden mit mir leben!"

Wollt ihr darauf denn verzichten?
Euren Blick auf ihn nicht richten,
der am Ende aller Zeit
kommt in Macht und Herrlichkeit?
Er, der doch den Tod bezwungen?
Christus, dem ihr Lob gesungen
immer schon in der Gemeinde?
Er besiegte doch die Feinde –
die, vor denen ihr euch beugt
und euch müd' und matt verneigt!

Davor nun euch zu bewahren,
mahnt euch Jesus in dem Bild,
wach zu sein, um zu erfahren,

dass sein Wort sich doch erfüllt.
Wach zu sein und es zu bleiben –
dann selbst, wenn es Mühe macht,
wenn euch Schuld und Schicksal treiben
in Verzweiflung, Angst und Nacht.

Darum will ich es euch schildern,
dieses Bild. Prägt es euch ein!
Dann nur, wenn er reich an Bildern,
wird mein Glaube stärker sein
als das, was auf dieser Erde
unaufhörlich kommt und geht.
Glück und Not und „Stirb!" und „Werde!"
euch sonst nur den Kopf verdreht.

„Seht euch vor!", so steht's geschrieben.
Kirchenschlaf ist niemals gut!
Ist der Herr auch ausgeblieben,
so seid dennoch auf der Hut!
Christsein ist kein Ruhekissen.
Wer sich nicht dem Kampf verschreibt,
von dem wir als Christen wissen,
der bald auf der Strecke bleibt.

Und die Strecke eures Lebens,
über die kein Mensch verfügt,
die berechnet ihr vergebens.
Wer was andres sagt, der lügt!
Ungewiss ist euer Ende
und der Tag, wann Er erscheint;
ungewiss die Zeit der Wende,
die euch mit dem Herrn vereint.

Ungewiss, was ihr mögt hoffen. –
Nur was Angst macht, scheint gewiss. –
Dennoch: Bleibt für sein Reich offen!
Beugt euch nicht der Finsternis!

Jesu Gleichnis hat euch allen
diese Rolle zugedacht:
wach zu sein, ihm zu Gefallen,
ob's auch währt bis in die Nacht.
Wach zu sein und aufzupassen
auf das, was dem Herrn gehört,
und nicht davon abzulassen,
auch wenn vieles euch betört.

Auch wenn vieles hier auf Erden
euch bewegt zu resignier'n:
Was nicht ist, wird endlich werden,
und ihr werdet jubilier'n!
Denn ihr wacht aus guten Gründen,
die euch Jesu Gleichnis nennt,
und ich will sie für euch finden,
dass ihr sie euch merken könnt:

Wacht zuerst für ihn, den Herren,
für sein Haus, sein Reich, sein Wort!
Tut's beständig, ihm zu Ehren!
So treibt ihr die Feinde fort:
Zweifel, Angst, die Macht der Sünden,
Hass und Streit, ja selbst den Tod,
der, eh' ihr sollt Ruhe finden,
eure Seele schon bedroht.
Wacht darüber unverdrossen,

wie's der Herr befohlen hat,
dass sein Haus bleib' fest verschlossen
vor des Teufels böser Tat!

Denn sein Haus ist die Versöhnung
und das Heil in Jesus Christ.
Doch bedarf es der Gewöhnung
daran, wie's beschaffen ist.

Wachsam sein, am Glauben bleiben,
den der Herr euch anvertraut;
sich der neuen Welt verschreiben,
auch wenn ihr sie noch nicht schaut.
Ja, sein Haus ist die Gemeinde,
in die ihr berufen seid,
dass sie Schutz sei vor dem Feinde,
vor der Macht von Schuld und Leid.

In ihr lernt ihr glaubend ahnen,
dass das Leben nicht vergeht;
lasst euch segnen, trösten, mahnen,
dass ihr fest im Glauben steht.
In ihr lernt ihr loszulassen,
was doch nicht von Dauer ist,
und im Herzen Mut zu fassen
vor des Teufels Macht und List.
Wachsam-Sein macht euch sensibel
für das, was euch nützt und frommt.
Euer Schatz: Das ist die Bibel,
aus der Hilf' und Weisung kommt.
In ihr lernt ihr euch zu lieben,
wie es Jesus Christus tut,

und Barmherzigkeit zu üben,
die er selbst ist – uns zugut.

In ihr, der Gemeinde, wachen –
allenfalls an ihrer Tür!
Draußen könnt ihr gar nichts machen,
denn sein Haus – das seid auch **ihr**!
Ihr, die ihr ums Wort euch sammelt
und die Gottes Geist euch treibt –
auch wenn ihr sein Lob nur stammelt:
Müht euch, dass ihr einig bleibt!
Dass am Glauben, Hoffen, Lieben
man als Jünger euch erkennt,
bis er kommt, der ausgeblieben,
und euch einst die Seinen nennt.
Er, der Herr, dem all das eigen,
was ihr glaubt und was ihr seid!

Das befreit – so wird sich's zeigen –,
wenn's euch darum nicht ist leid.
Wenn ihr euch wollt danach richten,
dass euch nur sind anvertraut
Glaube, Kirche, Tun und Dichten.
Wenn ihr wachsam darauf schaut,
dass **sein** Wille nur geschehe –
nicht der **eure** – mit Bedacht!
Denn „allein Gott in der Höhe"
gibt am besten darauf acht.

Wacht als nächstes – lasst euch sagen –
für euch selber! Das tut not!
Hier in euren Erdentagen

euch so mancherlei bedroht.
In und um euch will euch schrecken –
manches ist schon aufgezählt –,
was nur Angst und Furcht kann wecken
und euch tief im Herzen quält.

Ihr seid oft nicht „Herr der Lage",
Spielball nur voll Ach und Weh.
Weshalb ich euch hier nun frage,
wenn ich euch so vor mir seh':
Lebt ihr wirklich von dem Glauben,
den euch Gottes Geist gewährt?
Seid am Weinstock ihr die Trauben?
Oder ist es umgekehrt:
Wollt ihr euren Glauben messen
nur an dem, was möglich scheint?
Was verheißen ist, vergessen –
ob ihr lacht nun oder weint?
Meidet ihr des Glaubens Mühen,
scheut die „eiserne Ration"?
Wollt allein durchs Leben ziehen?
Hört: Dann habt ihr nichts davon!

Nichts davon, dass man euch taufte
und euch festlich konfirmiert;
dass Gott teuer euch erkaufte,
wenn ihr doch nur resigniert!

Drum müsst ihr in Glaubenssachen,
auch wenn's noch so seltsam klingt,
euch auch vor euch selbst bewachen,
dass ihr nicht ums Ziel euch bringt.

„Ruhe sanft!", steht nun geschrieben
dort, wo eure Toten ruhn.
Doch für euch heißt's: Hiergeblieben!
Denn hier gibt's genug zu tun
für euch selbst und euer Hoffen
auf das Kommen eures Herren.
Wacht und seid stets für ihn offen!
Solche Knechte hat er gern,
die sein Rufen nicht verpassen,
die – gestärkt durch Brot und Wein –
ihn in allem walten lassen:
Sie soll'n in ihm selig sein!

„Eins, zwei, drei – im Sauseschritt
eilt die Zeit. Wir eilen mit!"

Solches lässt sich nicht vermeiden.
Dennoch sich die Geister scheiden:
Ob auf eig'ne Faust wir leben
in dem panischen Bestreben,
möglichst lang' uns zu erhalten,
bis wir schließlich doch erkalten –
oder ob wir voll Vertrauen
können auf das Ende schauen.

Dieses Letztre uns gelingt,
wie uns Jesus nahebringt,
wenn uns sein Versprechen prägt
und durch alle Zeiten trägt;
wenn wir stets erwartungsvoll
hör'n, was aus uns werden soll:

die Erlösten, die Gott droben
wie auf Erden ewig loben!

Grund genug wird er uns geben,
der einst starb, damit wir leben.
Bleiben wir mit ihm verbunden,
dass wir werden treu erfunden,
wenn einst offenbar soll werden,
was wir glauben hier auch Erden!

Seine Wahrheit fortbesteht –
sie hilft mehr als Pietät,
denn sie richtet unsren Blick
klar nach vorn und nicht zurück,
macht von allen Banden frei,
steht am letzten End' uns bei.

Also heißt's für uns als Christen:
Wachsam unser Leben fristen,
treu zu unsrem Glauben stehen,
bis wir in sein Reich eingehen;
bis mit allen, die im Frieden
schon aus dieser Welt geschieden,
wir den Höchsten voller Freud'
loben in der Ewigkeit!

Er, der unser Friede ist,
unser Heiland Jesus Christ
euch an Leib und Seel' bewahre
bis ans Ende eurer Jahre;
bis ans Ende aller Zeit,
wenn er kommt in Herrlichkeit! **Amen**

Ausblick

Sag', wo geht's hin mit dieser Welt,
sag', wo geht's hin mit mir?
Wie ist es wohl darum bestellt,
ist doch kein Bleiben hier.

Vergänglichkeit, sie prägt mein Sein,
sie prägte schon mein Werden.
Beständigkeit ist nur der Schein
all meiner Zeit auf Erden.

Was alles ging bereits vorbei,
woran ich hab' gehangen!
Noch ist es mir nicht einerlei,
noch bin ich drin gefangen.

Doch wie Vergangenes, erlebt,
mich heut' noch mag betören —
es ist vorüber, es entschwebt,
will mir nicht mehr gehören.

So sag' mir, Gott, wohin es geht
mit deiner Welt, mit mir!
Zeig' es mir, denn es ist schon spät.
Tut sich wohl auf die Tür,

die ich erahne durch dein Wort,
das Ewiges verheißt?
Gibt es ein Ziel, gibt es den Ort,
wohin mein Leben reist?

Wenn es so ist, bring du mich hin
nach Freud und Leid und Schuld,
bis ich in dir geborgen bin,
in dir und deiner Huld.

Du hast in Christus, deinem Sohn,
bereits mein Soll erfüllt,
mich gnädig angenommen schon.
So bin ich gern gewillt,

allzeit zu folgen seiner Spur,
was mir auch widerfährt.
Ich bleib', trau deinem Wort ich nur,
hier und dort unversehrt.